서정시와 문명 비판

문병호

문학과지성사

1995

지은이의 문학과지성사판 저서

아도르노의 사회 이론과 예술 이론(1993)

서정시와 문명 비판

펴낸날/1995년 7월 5일

지은이/문병호
펴낸이/김병익
펴낸곳/(주)문학과지성사
등록번호/제10-918호(1993.12.16)

서울 마포구 서교동 363-12 무원빌딩(121-210)
편집: 338)7224-5 · 7266-7 FAX 323)4180
영업: 338)7222-3 FAX 338)7221

ⓒ 문병호, 1995
ISBN 89-320-0731-4

값 6,000원

서정시와 문명 비판

문병호

서정시와 문명 비판

책머리에

독일 표현주의 문학의 가장 결정적인 특징은 그것이 산업화된 현대적 현실에 대한 치열한 문학적 인식이자 비판이라는 사실이다. 독일 표현주의 문학은 현대성의 문학인 것이다.

현대에는, 특히 20세기에 들어서서는 과학 기술 문명이 인간의 삶에 가장 결정적인 영향을 미치는 요소로 등장하게 되었다. 근대 이래 서구에서 비약적 발전을 이룩한 과학 기술 문명은 한편으로는 인간에게 인류 역사상 미증유의 편리함과 자유를 가져왔으나, 다른 한편으로는 인류 문명의 영원한 종말을 초래할 수도 있는 부정적 가능성을 가시화시켰다. 한반도에서도 우리에게 직접적으로 다가와 있는, 핵무기에 의한 전쟁의 공포와 날로 확산되어가는 환경의 대위기는 인류의 운명이 과학 기술 문명에 의존되어 있음을 생생하게 보여주고 있다.

19세기 후반에 진행된, 독일에서의 급격한 산업화는 독일 표현주의 시인들의 현실 인식 및 현실 비판에 절대적 영향을 미쳤다. 산업화에 의한 기술 문명은 독일 표현주의 시인들이 다룬 가장 주요한 주제 중의 하나가 된 것이다. 그들이 기술 문명을 문학적으로 인식한 것은 역사적 가치를 지닌다. 이 같은 인식 아래 글쓴이는 독일 표현주의 시에서 나타난 기술 문명에 대한 인식 및 비판을 분석해보았다. 더 나아가 독일 표현주의 시인들이 문학적으로 성취한 인식은 역사성과 계몽성을 갖는다는 사

실을 강조함으로써 그러한 인식의 현재적 중요성을 옹호하였
다. 앞서 언급하였듯이, 이런 논리의 시대적 배경을 글쓴이는
기술 문명이 유발한——오늘날 지구의 전지역에서 나타나고 있
는——환경의 대위기에서 찾아보려고 하였다. 첫번째 논문인
「산업 문명의 위기와 시적 상상력」에서는 초기 독일 표현주의
의 대표적 시(詩)인 야콥 반 호디스 Jakob van Hoddis의 「세
계의 종말 Weltende」을 분석하였다. 이렇게 함으로써 독일 표
현주의 시를 관통하는 주제 의식인 '세계의 종말'과 '문명 비판'
의 역사적 의미를 강조하고자 노력하였다. 글쓴이는 또한 이 논
문이 독일 표현주의 시의 본질을 이해하는 데 있어서 안내자의
역할을 담당할 수 있기를 기대해본다. 「산업 문명과 현대적 현
실」은 대도시를 소재로 삼았던 수많은 표현주의 시인들 중에서
도 단연코 가장 뛰어난 문학적 성취를 이룩한 게오르크 하임
Georg Heym의 대도시 시를 해석한 논문이다. 산업 문명의 전
개를 가장 결정적으로 보여주는 현장으로서의 대도시는 현대적
현실의 구체적 모습이며, 하임의 대도시 시는 현대적 현실을 인
식하고 비판하였다는 점을 해석하려고 시도하였다. 세번째 논문
인 「시적 주체성의 객체성」은 독일 표현주의 시인들에게 결정
적 영향을 미쳤던 샤를르 보들레르의 대도시 시와 독일 표현주
의의 대도시 시에서 보여지는 현실 인식과 현실 비판은——시인
의 인식과 비판이 주관적임에도 불구하고——객체성을 획득한
다는 주장을 제기하였다. 이런 주장의 논거가 되는 것은 대도시
가 산업화의 과정에서 외부 세계의 변화를 경험적으로, 그리고
가장 구체적으로 확인시켜주는 공간이라는 점이다. 이처럼 획득
된 객체성은 현재적 중요성과 역사적 계몽성을 갖는다는 사실
을 주장하는 것이 이 논문이 의도하는 목표이다. 앞서 언급한
세 편의 논문이 시의 분석에 중점을 두어 논지를 전개한 반면
에, 마지막 논문인 「독일 표현주의 시와 기술 문명 비판」은 기

술 문명에 대한 글쓴이의 이해와 입장을 비교적 구체적으로 개
진하는 이론적 논의에 중점을 둔 논문이다. 이론적 논의를 전면
에 부각시킨 후에 독일 표현주의 시를 해석한 이유는 문학과 기
술 문명 비판이라는 주제를 보다 심도 있게 파고들어가보려는
글쓴이의 의도가 담겨 있기 때문이다. 이러한 의도를 일단은 독
일 표현주의 시에서 시도해본 것이 마지막 논문이다. 앞에서 언
급한 세 편의 논문이 시에 대한 구체적 분석을 통하여 글쓴이의
주장을 제기한 귀납적 방법을 사용한 반면에, 마지막 논문에서
는 기술 문명에 대한 논의를 일단 전개한 후에 이를 문학 작품
에서 증명해보려는 연역적 방법이 시도되었다. 과거의 문학 작
품, 더구나 외국의 시인들이 써놓은 문학 작품을 연구하는 의미
가 무엇인가 하는 고통스러운 물음이 글쓴이로 하여금 독일 표
현주의 시에서 이루어진 기술 문명 비판에 눈을 돌리게 하였으
며, 특히 서구에서 산업화와 더불어 태동한 대도시 공간은 우리
의 현실에서도 우리에게 직접적으로 다가와 있는 구체적 공간
이라는 인식이 대도시 시를 분석 대상으로 삼은 까닭이 되었다.
과거의 역사에서 무엇을 배워 현재의 문제와 대결해보고 미래
를 생각하는 것은 역사의 서술인 문학사를 연구하는 사람에게
도 해당되는 의무가 아닐까 여겨진다. 「산업 문명의 위기와 시
적 상상력」과 「시적 주체성의 객체성」은 이미 『독일문학』(제
52집, 51집)에 발표된 논문임을 밝혀둔다. 대도시와 같은 외부
세계를 언어를 통하여 시적 형상물에 이르게 하는 서정시는 객
체적 현실을 인식하고 비판할 수 있다는 점을 이론적으로 가능
하게 하는 근거를 글쓴이는 특히 테오도르 아도르노Theodor
W. Adorno의 미메시스 개념에서 찾아보았다. 네 편의 논문은
모두 '서정시에서의 현실 인식과 현실 비판이 매개하는 객체
성·역사성·계몽성'이라는 인식 관심에서 씌어졌으나, 개별 논
문이 형식적으로는 독립되어 있기 때문에 미메시스라는 개념에

대해서 본문이나 때로는 각주에서 짤막하게 매번 언급하였다. 반복에서 초래될 수 있는 거부감에 대해 독자들의 양해를 구한다.

　독일 표현주의 시가 독문학자의 연구 및 인식 대상이 됨은 자명한 일이다. 그러나 글쓴이는 독일 표현주의 시가 기술 문명을 인식하고 비판하였다는 사실의 역사적 가치를 독문학에 종사하지 않는 분들도 인정해주셨으면 하는 바람을 갖고 이 책을 감히 출판하기로 결심하였다. 대도시와 같은 현상은, 우리의 서울이 아주 구체적으로 보여주듯이, 우리 모두의 삶에 가장 직접적으로 영향을 미치는 공간이다. 대도시의 그칠 줄 모르는 팽창은 우리에게 보다 다양한 문화 생활을 향유할 수 있는 가능성을 열어주기도 하지만, 대기 오염, 교통 체증, 토양의 오염, 수질 악화와 같은 부정적 결과를 산출하기도 한다. 이런 부정적 현상의 심각함을 보면서, 글쓴이는 문학적 현실 비판이 인식의 변환을 가져올 수도 있다는——이제는 거의 꿈이 되어버린——바람을 포기할 수는 없다는 데서 독일 표현주의 시인들이 대도시 문명을 비판한 의미를 현재적으로 해석해본 것이다. "1,500만의 인구가 밀집한 개발 도상국들의 도시들은 오늘날 이미 고대 신화에서 보이는 거대한 묘지들이라고 표시될 법하다. 〔……〕 인간들이 무계획적이고도 의식적으로 초래한 죽음을 통하여, 인간은 자신의 역사를 기획하는 것이다"[1]라는 어느 독문학자의 경고는 뉴욕이나 파리와 같은 선진국의 대도시에도 역시 해당되는 경고가 아닌가 생각된다. 대도시는 기술 문명이 구축한, 이제는 인간의 능력으로 해체시킬 수 없는 운명적인 공간이다. 그러나,

---

1) Hartmut Böhme, "Aussichten einer ästhetischen Theorie der Natur," in: Jörg Huber(hrsg.), *Wahrnehmung von Gegenwart*, Frankfurt/M: Basel, 1992, S. 35.

운명을 운명으로서만 받아들인 채 보다 나은 삶의 공간을 이루어내겠다는 의지를 포기할 수도 없는 것이 바로 인간의 삶이기도 하다. 이러한 의지가 되도록 많은 사람들에게 하나의 커다란 공감대로 확산될 때, 우리는 보다 나은 삶의 공간을 이룰 수 있다는 희망을 공유할 수도 있는 것이다.

부끄러운 논문 모음집을 출판할 수 있게 되는 데는 아무런 재주와 능력도 없는 필자를 오랫동안 이끌어주신 지도 교수 박찬기 선생님을 비롯한 많은 선생님들의 학문적 은덕과 격려가 밑거름이 되었다. 학부와 대학원에서 가르침을 주신 선생님들, 그리고 문학 이론에 대해 깨우침을 주신 독일의 여러 선생님들에게 감사드린다. 보잘것없는 글쓴이의 학문적 작업을 격려하시고 출판을 주선해주신 김주연 선생님께 어떻게 고마움을 드려야 될지 모르겠다. 미숙한 책의 출판을 지난해에 허락해주신 데 이어 이번에도 도움을 주신 문학과지성사의 김병익 사장님께 깊은 감사의 말씀을 드린다. 끝으로 출판 과정에서 수고를 아끼지 않으신 문지사의 편집주간님 이하 여러 직원들에게 심심한 사의를 표한다. 글쓴이를 격려하며 인고의 세월을 함께 지내온 아내에게 이 책이 작은 선물이 되기를 바란다.

1995년 7월
서울에서
지은이

차   례

산업 문명의 위기와 시적 상상력
—야콥 반 호디스의 시「세계의 종말」의 경우

1. 서구 시민사회와 산업 문명: 위기의 출발

인류의 생존 공간인 지구의 모든 지역에 걸쳐 보편적 현상으로 등장한 환경의 대위기는 서구의 산업 문명이 유발한 산물이다. 인류는 최고와 최대의 효율성을 추구하는 경제성의 원리 *Ökonomik*와 자연에 원래 고유하게 내재하는 생태적 *ökologisch* 질서 사이의 갈등을 극복하는 것에서 자신의 미래를 결정해야만 하는 국면에 처해 있다. 산업 문명에 의한 생태계의 파괴는 세계가 종말에 이르게 되지 않나 하는 위기감을 인류에게 불러일으키고 있다. 생태적 질서는 인류의 여러 문명권에 공동으로 내재하는 질서이지만, 산업화와 더불어 그 본질적 속성을 드러내놓고 있는 경제성의 원리는 특히 서구 문명에 특징적인 현상이다. 서구의 산업 문명과 더불어 본격적으로 전개되어왔으며, 한편으로는 산업 문명이 더욱 발전하는 데 있어서 견인차 역할을 수행한 서구 시민사회에 대한 진단은 산업 문명의 본질을 판단하게 해주는 지표가 된다. 이 같은 판단은 물론 경험과학의 확고한 토대 아래 수행되는 사회과학에서 보다 정확하게 성취될 수 있다. 그러나 경험 세계의 변화에 대하여 대단히 예민하게 반응하는 시적 주체가 성취하는 판단이 때로는 사회과학적 객관성과 정밀성을 앞지르기도 한다. 다시 말해 사회과학적 판단을 선취하기도 하는 것이다. 산업 문명의 위기에 대하여 반응하는 시적 주체가 시라는 형상물을 통하여 독자에게 매개하는 인식의 역사성이 바로 여기에서 그 근거를 획득한다.

서구 시민사회는 정치적으로는 대략 천년에 걸친 서양 중세의 신적 질서가 붕괴되면서 시작되었다. 특히 유럽 남부에서 이미 16세기에 시작된 농민 전쟁은 서양에서 시민성 *Bürgertum*의 태동을 알리는 역사적 사건이었다. 신적 질서에 예속된 개별 인간은 개인으로서의 자기 존재를 획득할 수도 없었을 뿐만 아니라, 자신을 자신으로서 확인하는 *Identität* 의식을 갖는 가능성을 보유하지도 못하였다. 시민사회에 이르러 비로소 태동한, 사회와의 계약 관계로 개인이 존재한다는 의식은 신분적 질서로서 작동되었던 중세 사회에서는 존재하지 않았다. 서구 시민사회의 등장은 경제적으로는 중세의 봉건 경제 체제의 붕괴를 의미한다. 신분적 질서에 예속된 채 노동을 제공해야만 했던 개별 인간은 자유 경쟁에 의한 이윤 추구라는 원리 아래 작동되는 자본주의 체제에 따라 노동을 행하게 되었다. 인적 자원과 물적 자원의 효율적인 조직을 통하여 이윤을 극대화시키고, 더 나아가 재생산성을 확대시키려는 자본주의의 효율성 논리는 특정 목적을 성취하기 위하여 그것에 합당한 수단을 투입하는 합리성[1]을 잉태하기에 이르렀다. 효율성을 추구하는 경제성의 원리야말로 서구 시민사회의 본질을 가장 특징적으로 규정지을 수 있는 요소이며, 산업 문명의 본질과도 가장 밀접하게 연관되어 있다. 신분적 질서보다는 계약적 질서에, 봉건 경제에 예속된 상태보다는 합리성과 효율성의 원리에 따라 조직된 노동 체계에 기초를 두고 성립되는 서구 시민사회는 사회적으로는 산업

---

1) 막스 베버는 서구 자본주의에 대한 탁월한 분석을 통하여 그것의 본질을 합리성에서 찾는 근거를 확보해놓았다(Vgl., M. Weber, *Die Protestantische Ethik I. Eine Aufsatzsammelung*, 6. Aufl., Tübingen, 1981).

사회의 구조적 정착을 의미한다. 개별 인간은 산업 사회의 구조적 틀에서 벗어나 생존할 수 없게 된 것이다. 산업 사회가 구조적으로 조직화되면서 개별 인간은 사회의 구성원이 됨과 동시에 사회로부터의 소외를 경험하게 된다. 소외의 자각은 산업 사회로 대변되는 외부 세계의 급격한 변화에 개별 인간이 제대로 적응하지 못하고 있음을 반증하는 것이 된다. 경제적 효율성에 토대를 둔 산업 사회의 작동성 *Betriebsamkeit*은 물적 자원의 제공자인 자연을 인위적으로 가공하려는 속성을 지닐 뿐만 아니라, 이미 언급한 대로 인적 자원인 인간에게 소외를 경험하게 한다. 산업 문명의 위력이 자연과 인간에게 구체적으로 다가오는 것이다. 이 같은 위력이 자연과 인간의 존립을 위협할 수 있다는 의식이 구체화될 때, 이는 곧 산업 문명의 위기를 뜻함에 다름이 아니다. 산업 문명에 의하여 선명하게 각인되어 출현하는 외부 세계가 위기의 현장으로 감지되는 순간, 이미 위기는 시작된 것이다.

산업 문명과 서구 시민사회의 위기를 진단하는 장(場)이 시인 경우, 우리는 산업 문명을 비판하는 시의 태동을 말할 수 있다. 문명 비판적 주제를 갖는 시의 태동은 유럽의 경우 샤를르 보들레르 Charles Baudelaire에서 본격적으로 이루어진다.[2] 이 같은 주제 의식은 독일의 표현주의 문학에 이입되어 특히 독일 표현주의 시에서 극도의 주체성에 의한 강렬한 표현을 통하여 표출되었다. 독일 표현주의 시는 산업 문명과 거의 동일한 의미로 쓰일 수 있는 "현대 문명의 모순점들이 당시의 젊은 세대의 작가들로 하여금 그러한 모순점들에 대하여 동시에 폭발적으로 표출되는 예술적 반응을 야기시켰던 시기에"[3] 출현한 "시대의

---

2) 이에 대해서는 이 책에 실린 논문 「시적 주체성의 객체성」을 참조할 것(pp. 112ff.).

3) J. Knopf und V. Žmegač, "Expressionismus als Dominante," in: V. Žmegač(hrsg.), *Geschichte der deutschen Literatur vom 18. Jahrhundert*

표현"으로 해석될 수 있다. 문명 비판적 경향을 갖는 독일 표현주의 시의 본격적 전개를 알리는 시는 역시 반 호디스 Jakob van Hoddis의 「세계의 종말 Weltende」이다.[4] 불과 8행으로 구성된 짧은 시에서 독자는 산업 문명과 시민사회의 위기를 직감할 수 있다. 이 논문은, 독일에서의 급격한 산업화의 와중에서 시인의 상상력에 의하여 포착된 산업 문명과 시민사회의 위기를 형상화시킨 「세계의 종말」을 분석해보고, 시적 주체가 제기한 문명 비판의 현재적 의미를 검토하려고 한다.

생산미학적 *produktionsästhetisch* 관점에서 시작품의 생산을 논의할 때, 논의의 중심에 위치하는 것은 역시 시적 주체와 경험 세계와의 연관 관계이다. 독일 표현주의 시 전반을 관통하는, '시적 주체에 의한 세계의 변혁'이라는 입장은 루카치 Georg Lukács가 주장하는 반영론 *Widerspiegelungstheorie*의 도움을 빌려서 도식적으로라도 설명이 가능하다. 시적 주체성이 표방하는 변혁에의 의지가 의도적이면 의도적일수록, 시적 주체성과 객체적 현실과의 연관 관계가 감소된다. 그러나 객체적 현실을, 특히 이러한 현실의 급격한 변화를 표현하지 않고는 견딜 수 없는 표현에의 욕구가 '미리 의도된, 주체성에 의하여 결정된 세계상 또는 사회상'에 앞서서 시적 형상화에 성공적으로 도달하게 되면, 시적 주체와 객체적 현실은 작품에서 결정체에 이르게 된다. 이처럼 표현에 성공한 작품에서 독자는 객체적 현실을 경험할 수 있을 뿐만 아니라, 시적 주체가 간접적으로 매개하는 현실 변혁에의——시에서 현실이 부정적으로 표현된 경우에는——요구에 동참할 수 있는 가능성을 획득한다. 이와 같은 가능성을 제공하는 이론적 배경을 우리는 아도르노 Theodor W.

---

bis zur Gegenwart, Band Ⅱ/2, 1848~1918, 2. unveränderte Aufl., Königstein/Ts, 1985, S. 415.

4) 이 시가 초기 표현주의 시의 전형이라는 점에 대해서는 거의 모든 문학사가들이 동의하고 있다. 이에 대해서는 추후 상론할 것임.

Adorno의 미메시스 *Mimesis* 개념[5]에서 확인할 수 있다. 급격한 산업화라는 역사적 배경을 고려하지 않고는 그 본질을 제대로 규명할 수 없는 문학인 독일 표현주의 시의 경우, 시에서 표현된 세계는 외부 세계의 변화를 표현하지 않고는 못 견디는 시인의 욕구에서 표현된 세계라는 인식은 반 호디스의「세계의 종말」을 산업 문명과 시민사회의 위기를 표현한 시로서 해석하는 데 기초가 될 수 있는 것이다.「세계의 종말」이 보여주는 세계는, 반 호디스가 자신이 의도하는 세계상에 따라 의도적으로 축조한 필연성의 세계가 아니고, 그에게 부정적으로 출현한, 산업 문명이 유발한 현실이다. 이처럼 시적으로 형상화된 세계에 독자가 동참하여 경험을 공유하고, 이러한 경험에 대하여 통용성을 인정할 때,「세계의 종말」은 산업 문명의 위기를——독자에게 강요함이 없이——독자에게 매개한다. 이렇게 되는 경우, 표현하지 않고는 견딜 수 없는 시인의 충동, 아도르노의 말을 빌리면 미메시스적인 충동 *mimetischer Impuls* 에서 독자도 객체적 현실에 대한 미메시스에 동참하게 된다. 미메시스라는 개념에서 시적 주체와 경험 세계는 하나의 개체가 될 수 있는 것이다. 산업 문명과 시민사회의 위기라는 인식은 이렇게 해서 시인이 독자에게 일방적으로 주입시키는 인식에 머무르고 말 위험으로부터 벗어나게 된다. 우리는 이러한 성공의 구체적 예로서 반 호디스의「세계의 종말」을 해석해보고자 한다.

---

5) 이 개념에 대한 논의는 글쓴이가 『독일문학』 제50집에 발표한 논문「아도르노의 '예술 이론'에 있어서 미메시스와 합리성의 변증법」을 참조할 것.

2. 산업 사회로의 급격한 전이:
「세계의 종말」을 해석하는 데 필요한 역사적 배경[6]

　독일은 1860년대에도 농업 국가로 머물러 있었다. 대부분의 주민들은 농촌에 거주하였으며, 그들의 정치적 입장도 보수적이었다. 그러나 독일 통일과 더불어 급격하게 진행된 산업화는 무엇보다도 도시의 팽창을 야기시켰다. 그 대표적 예는 두말할 나위 없이 베를린이며, 베를린은 주지하다시피 독일 표현주의 시인・소설가, 그리고 극작가들의 주된 활동 무대였다. 베를린이 급격한 산업화의 중심 무대였다는 사실은 베를린의 인구 팽창에서 증명된다. 1880년대에 비로소 백만을 간신히 넘어섰던 베를린의 인구는 1910년에는 이미 이백만에 이르렀으며, 1920년에는 거의 사백만에 도달하게 되었다.[7] 인구의 팽창에 의한 대도시의 형성은 산업화에 의하여 농촌 인구가 도시로 이입되었음을 경험적으로 반증하는 실례가 된다. 대도시의 급격한 형성은 산업화가 매우 빠른 속도로 진행되었음을 증명하는 것에 다름이 아니다. 빠른 속도로 진행되는 외부 세계의 변화는 외부 세계를 지각하는 인간의 의식에도 영향을 미치며, 시적 주체는 이러한 변화를 가장 먼저 지각하는 주체임에 틀림이 없다.

　19세기 후반기에 이르러 독일에서 급격하게 진행된 산업화는 산업 문명의 구조적 정착을 의미하는 외에도, 이 같은 문명이 빌헬름 체제의 제국주의적 정책과 맞물리면서 전쟁 준비의 기

---

6) 여기에서 의도하는 바는, 독일이 19세기 후반기에 농업 사회에서 산업 사회로 급격하게 전이되었음을 언급하는 데 있다. 사회 변동에 대하여 사회학적으로 자세히 설명하는 것은 이곳에서 시도될 바가 아니다. 19세기 이래 독일의 산업화에 대한 뛰어난 분석은 다음의 책을 참조: F. W. Hennig, *Die Industrialisierung in Deutschland 1800~1914*, Paderborn, 1973.

7) Vgl., H. G. Kemper, *Vom Expressionismus zum Dadaismus*, Kronberg/Ts, 1974, S. 33.

초가 되었다는 점에서 독일 표현주의 시인들에게는 독특한 의미를 지닌다. 산업 문명과 전쟁의 직접적 연관 관계에서 표현주의 시인들은 문명의 위기를 직감하게 되는 것이다.

산업화에 의하여 급히 형성된, 낯설고 두려운 대상으로 출현한 외부 세계, 제국주의적 전쟁을 준비하는 시대적 분위기, 조직의 작동성과 효율성에 우위를 두는 산업 사회의 속성에 제대로 적응을 못 하는 개별 인간이 느끼는 소외감은 특히 초기 표현주의 시인들에게 공통적으로 다가오는 경험이었으며, 그것은 위기감에 다름이 아니었다. 우리는 이러한 경험의 정수를 「세계의 종말」에서 확인할 수 있다.

3. 초기 표현주의 시의 전형으로서의 「세계의 종말」

쿠르트 핀투스 Kurt Pinthus가 독일 표현주의 시들을 『인간성의 황혼과 여명 *Menschheitsdämmerung*』이라는 이름으로 묶어서 편찬하였을 때, 그는 이 시집의 맨 앞에 반 호디스의 「세계의 종말」을 올려놓았다.[8] 이 짤막한 시가 모든 독일 표현주의 시에서 공통적인 주제 의식으로 나타나는 '세계의 종말에 대한 의식과 세계 변혁[9]에의 희망'이라는 주제를 대표할 수 있으리라 생각하였기 때문일 것이다. 헬무트 헤르만 Helmut G. Hermann도 또한 「세계의 종말」이 "표현주의 시의 핵심적 시"[10]라는 점을 강조하고 있다. 고트프리트 벤 Gottfried Benn

---

8) Vgl., K. Pinthus(hrsg.), *Menschheitsdämmerung. Ein Dokument des Expressionismus*, Hamburg, 1983, S. 39.

9) 「세계의 종말」에서는 세계 변혁에의 적극적 의지는 표출되고 있지 않다. 그러나 세계가 변화되었으면 하는 희망은 간접적으로라도 내포되어 있다고 본다.

10) H.G. Hermann, "Jakob van Hoddis." in: H. Denkler(hrsg.), *Gedichte der 'Menschheitsdämmerung*,' München, 1971, S. 57.

도「서정시의 제문제 Probleme der Lyrik」라는 강연에서 독일 표현주의 시가「세계의 종말」에서 출발된다는 점을 지적하고 있다 : "우리는 독일에서 표현주의 시의 시작을 1911년에 『심 플리지스무스 *Simplizissmus*』지에 실린 알프레드 리히텐슈타인 Alfred Lichtenstein 의「황혼 Die Dämmerung」이라는 시와, 같 은 연도에 발표된 야콥 반 호디스의「세계의 종말」이라는 시의 출현으로부터 고려할 수 있다."[11] 표현주의라는 문예사조에 대 한 문학사적 관점에서 이처럼「세계의 종말」을 초기 표현주의 시의 전형으로 규정하는 데는 이견이 거의 없는 편이다.

작품의 내용상으로 보았을 때도「세계의 종말」은 표현주의의 바로 전에 독일 문학의 여러 사조였던 인상주의 *Impressionis- mus*, 신낭만주의 *Neuromantik*, 유겐트 양식 *Jugendstil* 에서의 시들에서 보이는, 정제된 언어의 엄격한 사용과 예술 지상주의 적 및 현실 도피적 경향과는 전혀 상이한 주제 의식을 내포하고 있다.「세계의 종말」에서 보이는 시어들은 시민사회와 산업 문 명에 대한 메타포를 선명하게 구사하고 있다는 점에서 이전의 시들과는 뚜렷하게 구분되는 것이다. 다시 말해서,「세계의 종 말」은 산업 문명의 장(場)으로 특징지어질 수 있는, 현대 문명 의 전시장인 외부 세계가 시인에게 새로운 경험 세계로서 지각 되고 있음을 독자에게 매개하고 있다는 점에서 세기 변환기에 출현한 시들과는 전혀 다른 특징을 지니고 있다. 급격하게 변화 된 객체적 현실이 시적 형상물에 갑자기 출현한 것을 본격적으 로 표현해보인 시가 바로「세계의 종말」인 셈이다.「세계의 종 말」에서 성취된, 새로운 경험 세계에 대한 시적 형상화는 독일 표현주의 시 전체를 관통하는 원리가 되었으며, 바로 이 점에서 「세계의 종말」이야말로 주제상으로도 표현주의 시의 전형이 된

---

11) Wiederzitiert bei H. Schneider, *Jakob van Hoddis. Ein Beitrag zur Forschung des Expressionismus*, Bern, 1967, S. 78.

다는 주장이 설득력을 획득하게 된다.

4. 시민사회와 산업 문명의 위기:
「세계의 종말」의 시세계

Ⅰ. 형식 분석

「세계의 종말」은 베를린에서 발간되었던 잡지 『민주주의자 *Demokrat*』에서 1911년 1월 11일에 최초로 선을 보였다. 형식 분석을 위해서 우선 시 전체를 살펴보기로 하자.

> 시민의 뾰쪽한 머리에서 모자가 날아간다.
> 모든 공중에서는 절규처럼 소리가 울린다.
> 기왓장이 무너져서 두 동강이 난다.
> 신문 기사를 보니 해안에서는 해일이 일고 있다 한다.
>
> 폭풍이 밀려온다. 사나운 바다가 껑충 뛰며
> 육지로 올라와 두꺼운 제방들을 짓누른다.
> 대부분의 사람들은 코감기를 앓고 있다.
> 기차들은 철교들에서 추락한다.

> Dem Bürger fliegt vom spitzen Kopf der Hut,
> In allen Lüften hallt es wie Geschrei.
> Dachdecker stürzen ab und gehn entzwei,
> Und an den Küsten——liest man——steigt die Flut.
>
> Der Sturm ist da, die wilden Meere hupfen
> An Land, Um dicke Dämme zu zerdrücken.
> Die meisten Menschen haben einen Schnupfen.

Die Eisenbahnen fallen von den Brücken.[12]

표현주의자들은 "형식을 파괴시키려는"[13] 의도를 가졌던 것으로 일반적으로 말해지고 있으나, 「세계의 종말」에서는 시의 전통적 형식을 와해시키는 그 어떤 흔적도 발견되지 않는다. 반 호디스는 시의 형식을 특히 엄격하게 지켰던 슈테판 게오르게 Stefan George에게서 영향을 받았으며,[14] 5각(脚)의 약강격 (弱強格)*fünfhebiger Jambus*을 빈번하게 사용하였다. 「세계의 종말」이 시의 외적 형식을 철저하게 준수한 것에 대해서 헬무트 헤르만이 잘 분석하고 있다: "「세계의 종말」은 각운 *Reim* 과 율격 *Versmaß*의 엄격한 규칙에 종속되어 있다. 두 연은 각 4행으로 되어 있으며, 모든 행은 10음절 또는 11음절로 구성되어 있다. 제1련의 행들은 포옹 각운 *umschließender Reim* 으로 결합되어 있고, 제2련의 행들은 십자 각운 *Kreuzreim*을 지키고 있다. 이와 같은 각운들에 공통적인 율격은 5각의 약강 격이다."[15]

우리가 간략하게 살펴보았듯이, 「세계의 종말」은 시의 형식 상으로는 새로운 요소를 전혀 보여주지 않는다. 그럼에도 불구하고 이 시가 '새롭게 등장한 외부 세계에 대한 새로운 경험'을 매개하는 이유는 그로테스크한 시어들이 창출해내는 메타포의 새로움에서 일단은 유래한다.

Ⅱ. 메타포[16]의 특징

시적 주체성이 메타포를 매개로 해서 표현된 형식이 바로 서

---

12) J. van Hoddis, "Weltende," in: K. Pinthus(hrsg.), *Menschheitsdämmerung*, a. a. O., S. 39.

13) S. Vietta/H. G. Kemper, *Expressionismus*, München, 1975, S. 25.

14) Vgl., H. Schneider, *Jakob van Hoddis*, a. a. O., S. 12.

15) H. G. Hermann, "Jakob van Hoddis," a. a. O., S. 58.

16) 메타포에 대한 글쓴이의 이해는 이 책에 실린 논문 「시적 주체성의 객체성」

정시이다. 서정시에 있어서 메타포의 기능은——시적 자아와 경험 세계와의 관계라는 관점에서 보았을 때——외부 세계에 대한 시인의 지각과 인식이 독자에게도 동일하게 지각 및 인식되도록 도와주는 데 있다. 시 전체를 하나의 그림으로 보았을 때, 그림에서 전체적으로 풍기는 분위기를 창출하는 기능도 역시 메타포에 의존한다. 메타포는 시 전체의 분위기를 결정하는 것이다.「세계의 종말」의 전체적인 분위기에서 우리는 우선 낯선 것 *das Verfremdete*, 그로테스크한 것 *das Groteske*, 냉소적인 것 *das Komische*을 직감할 수 있다. 모든 행에서 표현된 내용은 일상적으로 일어나는 일은 아닌 낯선 일일 뿐만 아니라, 그로테스크한 사건들이다. 여기에서 일어난 일들이 인간에게 어떤 괴기스러운 힘으로 다가오고 있다는 느낌을 주기 때문이다. 시인은 그러나 자신이 지각하는 이상한 일들에 대하여 냉소적으로 거리를 유지하고 있는바, 이는 제 1 련의 마지막 행의 "신문을 보니"라는 표현에서 감지될 수 있다. 낯선 것, 그로테스크한 것, 냉소적인 것이 시의 전체적인 분위기가 되고 있음을 독자가 느끼는 순간, 그도, 시인과 마찬가지로, 외부 세계가 그에게 당혹감을 주는 세계라는 인식에 도달한다. 당혹감을 주는 세계는 위기를 알리는 세계이다.

제 1 련의 "시민"이라는 표현에서 우리는 시민사회를 상징하는 메타포를 추출해낼 수 있다.[17] 제 2 련에서는 "제방들·기차들·철교들"과 같은 시어들이, 이 시에서 지각된 경험 세계가 산업화된 현대 세계임을 상징적으로 보여주고 있다. 이처럼 시대를 특징적으로 표현해주는 메타포를 통하여 외부 세계가 산업 문명의 세계임을 독자에게 알려주고 있는 것이다. "공중·기왓장·해안·홍수·폭풍·바다·제방·기차·철교"와 같은 시어

을 참조할 것(p. 114).

17) 이러한 메타포의 내용적 차원에 대해서는 나중에 논의할 것임.

들의 특징적인 점은, 이것들이 재난과 연관 관계를 갖고 있다는 사실이다. 그러나 「세계의 종말」이 구사하는 메타포의 결정적 특징은 개별 시어들이 창출해내는 메타포의 효과에서 성립되는 것이 아니고, 이들 시어가 전체적으로 이루어내는 효과에서 드러난다.

Ⅲ. 개별 시어들이 성취하는 전체적 효과

「세계의 종말」은, 이 시를 구성하는 개별 시어들 상호간에 내용상의 연관 관계가 전혀 존재하지 않으면서도[18] 이들 시어들이 하나의 공통된 모티프, 즉 대재난 *Katastrophe* 이라는 모티프에서 수렴되는 특징에 의하여 구성된 시이다. 서로 괴리되어 있으며, 아무런 연관 관계를 맺지 않고 있는 개별 시어들은 그러나 대재난을 독자에게 매개하는 데 성공하고 있는바, 이는 이들 시어들이 '자체로서 닫혀진 하나의 완결된 시적 세계'를 보여주는 개체로서의 「세계의 종말」에서 성취된 전체적 효과에서 하나의 수렴점을 발견하고 있기 때문이다. 이들 시어들의 수렴에 의하여 표현된 세계는 주체에 낯선 세계이다. 그 까닭은, 이미 첫행에서 명백하게 보여주고 있듯이, 시에서 표현된 대상들이 그것들에 원래 내재하는 질서를 상실하는 모습으로——시 전편에 걸쳐서——나타나고 있기 때문이다. "형상들이 낯선 모습으로 서로 괴리되어 있는 것, 그리고 형상들이 서로 매개되지 않은 채 갑작스럽게 연관되어 있는 것은 시 전체에 있어서 그로테스크한 효과를 불러일으킨다."[19] 이 같은 효과를 창출한다는 점에서 「세계의 종말」은 배열 양식 *Reihungstil* 또는 동시적 시 *Simultangedicht* 로서 특징지어질 수 있기도 하다.

---

18) Vgl., H. Schneider, *Jakob van Hoddis*, a. a. O., S. 78; Vgl., S. Vietta/ H. G. Kemper, *Expressionismus*, a. a. O., S. 31; Vgl., U. Reiter, *Jakob van Hoddis. Leben und lyrisches Werk*, Göppingen, 1970, S. 137.

19) S. Vietta/H. G. Kemper, *Expressionismus*, a. a. O., S. 31.

　대재난은 직접적으로 다가와 있지 않다. 독자는 대재난을 간접적으로 경험할 뿐이다. 대재난에 대한 간접적 경험, 즉 일상 세계의 붕괴에 대한 간접적 경험은 개별 형상들이 시 전체에서 창출해내는 효과에서 성취되는 것이다. 칼 리하 Karl Riha 는 이를 "괴리된 형상들이 이끌어내는, 예상 밖의 놀라움을 불러 일으키는 효과들"[20]이라고 표현하고 있다. 대재난을 간접적으로 경험시키는 효과들은 세계 종말의 분위기를 독자에게 매개하고 있으며, 바로 이 점에서 개별 시어들이 창출해내는 전체 효과가 주제 의식과 직결되는 성공이 이루어진다.

Ⅳ. 세계 종말의 분위기

　「세계의 종말」을 구성하는 모든 행은 대재난을 암시하고 있으며, 이는 시인이 지각하는 외부 세계가 시인에게 부정적으로 인식되고 있음을 의미한다. 반 호디스가 쓴 시들의 일반적인 특징에 대해 우도 라이터 U. Reiter 가 "그의 시행들은 거의 전적으로 당시 시대 상황을 지배하던 입장들에 대한 공격, 확고하게 굳어진 가치 질서에 대한 거부, 그리고 절망적인 좌절감에 의하여 선명하게 각인되어 있다"[21]라는 의견을 개진하고 있듯이, 「세계의 종말」을 감싸고 있는 분위기도 역시 부정적이다. 부정적 분위기는 종말의 감정과 말세에 도달했다는 의식이다. 한스 외르크 슈나이더 H. Schneider 도 "여덟 개의 행들은 세계 종말의 그로테스크한 상(像)을 그려보이고 있다"[22]라는 견해를 피력한다.

　"절규" "기왓장이 무너진다" "해일이 인다" "사나운 바다

---

20) K. Riha, "Dem Bürger fliegt vom spitzen Kopf der Hut," in: H. Hartung(hrsg.), *Gedichte und Interpretation. Vom Naturalismus bis zur Jahrhundertmitte*, Stuttgart, 1983, S. 120.
21) U. Reiter, *Jakob van Hoddis*, a. a. O., S. 66.
22) H. Schneider, *Jakob van Hoddis*, a. a. O., S. 78.

가 껑충 뛰며 육지로 올라온다” “두꺼운 제방들을 짓누른다”
“기차들은 철교들에서 추락한다”와 같은 표현들은 독자들에게
세상의 끝이 다가왔다는 느낌[23]을 주기에 충분하다. 간과되어
서는 안 될 점은, 세계 종말의 분위기가 산업 문명을 구체적으
로 지시하고 있는 형상들과 결합되어 있다는 사실이다. 마지막
행에서 “기차들은 철교들에서 추락한다”의 형상에서 일부러 복
수로 표현되는 데서 확인할 수 있는 것처럼, 산업 문명이 전개
된 모든 현장들이 세계 종말의 분위기와 연관되어 있는 것이다.
산업 문명이 세계 종말에의 의식과 결합되어 있는 것은 시민사
회로 대표되는 산업 사회의 위기를 의미한다. 경험 세계가 위기
로서 지각된다는 것은 경험 세계를 지각하는 주체가 위기 의식
을 갖고 있음을 의미함에 다름이 아니다. 이런 위기 의식이 제
1차 세계 대전의 전야에 놓여 있었던 당시의 유럽 상황의 반증
이 될 수 있다는 해석,[24] 즉 초기 표현주의 시를 논의하는 데
있어서 가장 구체적인 시대적 상황에의 고려가 해석상의 설
득력을 획득할 수 있는 근거도——그 본질에 있어서는——전쟁
을 보다 대량적 규모로, 그리고 보다 효율적으로 수행할 수 있
는 저력을 제공하는 산업 사회의 위기라는 관점에서 찾아질 수
있다.

---

23) 「세계의 종말」이 씌어질 무렵 유럽에서는 할레이Halley 혜성이 다시 나타날
    것이라는 풍문이 돌고 있었으며, 이런 이유 때문에 확산된 말세적인 분위기가
    시인에게 영향을 미쳤을 수도 있었다는 해석도 있다(vgl., H. G. Hermann,
    “Jakob van Hoddis,” a. a. O., S. 66). 그러나 이러한 해석은 산업 문명을 구
    체적으로 지시하는 메타포가 시에서 명백하게 확인될 수 있음을 고려해보면,
    그 설득력에 대해 의문이 제기될 수밖에 없다.
24) 예컨대 오토 베스트Otto F. Best는 표현주의가 성취한 가장 결정적 업적은
    제1차 세계 대전 전야에 있었다고 보고 있으며, 제1차 대전과 더불어 표현
    주의자들이 예감하고 의식하였던 것이 구체적으로 확인되었다는 것이다(vgl.,
    O. F. Best, “Einleitung,” in: Ders.(hrsg.), *Expressionismus und Da-
    daismus*, Stuttgart, 1984, S. 19).

농업 사회에서 산업 사회로의 급격한 전이는 개별 인간들로 하여금 외부 세계의 속도감 있는 변화에 속도감 있게 적응하기를 요구한다. 속도감에 적응하지 못한 개별 인간에게는 외부 세계가 낯선 세계로 출현할 뿐만 아니라, 더 나아가 개별 인간이 외부 세계로부터 소외를 경험하게 되기도 한다. 외부 세계를 지각함에 있어서 새로이, 그리고 급격히 출현한 조건들[25]은 지각 주체에게도 변화를 요구하게 된다. 이러한 조건하에 주체와 객체의 연관 관계도 변화되는 것은 자명하다.

「세계의 종말」에서 보이는 지각 주체는, "신문을 보니"라는 표현에서 드러나듯이, 일단은 외부 세계에서 일어난 돌발적 사건들에 대해서 거리를 유지하고 있는 방관자적 입장을 취하고 있는 듯하다. 그러나 주체가, 일어난 일들에 대해서 거리를 유지함으로써 외부 세계의 변화를 냉소적으로 관찰할 수 있을 만큼 확고한 위치를 확보하고 있다고 보기에는 난점이 따른다. 「세계의 종말」을 구성하는 모든 행에서 돌발적 사건들이 급박하게 표현되고 있으며, 이미 이러한 급박함에서 돌발적 사건들은 주체에게 당혹과 위협으로 다가오고 있음을 독자가 감지할 수 있기 때문이다. 외부 세계는 낯설고, 위협적이며, 당장이라도 주체의 존재 자체를 해체시켜버릴 수 있는 힘으로 주체에게 다가오고 있는 것이다. "세계 종말의 대재난에 대해서 우위를 점할 수 있는 거리"[26]를 시인의 지각 주체는 확보하지 못하고

---

25) Vgl., T. Anz, "Entfremdung und Angst. Expressionistische Psycho-pathographie und ihre sozialwissenschaftliche Interpretierbarkeit," in: H. Meixner/S. Vietta(hrsg.), *Expressionismus-sozialer Wandel und künstlerische Erfahrung*, S. 21. 여기에서 토마스 안츠는 새로운 지각 조건들에 대해 다음과 같이 쓰고 있다: "그것들은 독일 통일 이후 매우 빨리 성장된 도시들이며, 표현주의의 경우 도시들에서, 즉 변화된 세계에서 주체의 소외의 경험들이 집중되어 있다."

26) S. Vietta/H. G. Kemper, *Expressionismus*, a. a. O., S. 31.

있는 것이다. 객체에 대하여 거리를 확보하지 못하는 시인의 주체가 창조해내는 시세계는 낯선 것, 그로테스크한 것의 분위기를 갖지 않을 수 없다. "자아와 자아 밖에 있는 모든 것 사이로 암호들이나 그로테스크한 것의 희화적 반사경이 밀치고 들어온다."27)

대재난에 대한 위기 의식으로 인하여 주체가 객체에 대하여 거리를 확보하고 있지 못하다는 것은 주체와 객체의 관계가 붕괴되었음을 의미한다.28) 주체와 객체 관계의 붕괴는 산업 문명에 근거를 둔 시민사회와 개인의 관계도 위기에 처해 있음을 말해준다. 시민사회의 주체로서의 개인이, 위기와 대재난으로 다가오는 외부 세계와의——이것이 삶의 구체적 공간으로서 실현된 형태는 시민사회인——관계에서 어찌할 바를 모르는 상태 *Orientierungslosigkeit*에 빠져드는 것이다. 시민사회를 구성하는 주체와, 객체인 시민사회 자체가 위기에 처하게 되는바, 위기의 직접적 원인은 무엇보다도 급격한 산업화에 의한 외부 세계의 변화에서 찾아질 수 있다. 바로 이런 관점에서 시민사회의 위기는 산업 문명의 위기와 직접적으로 연결되며, 「세계의 종말」은 대재난의 모티프를 통하여 위기 의식을 독자에게 매개시키는 데 성공하고 있는 것이다.

VI. 시민사회의 붕괴

"시민의 뾰쪽한 머리 끝에서 모자가 날아간다"라는 메타포는 시민의 존재가 위협을 받고 있음을 보여줄 뿐만 아니라, 시민의 가치나 품격이 하락되었음을 표현하고 있다. 제 7 행에서의 "대

---

27) O.F. Best, "Einleitung," in: Ders.(hrsg.), *Theorie des Expressionismus*, Stuttgart, 1984, S.14.

28) 비에타는 표현주의 시 전체를 관통하는 원리로서의 자아, 다른 말로 바꾸면 주체의 분열을 제시하고 있다(vgl., S. Vietta/H.G. Kemper, *Expressionismus*, a.a.O., S.31ff.).

부분의 사람들은 코감기를 앓고 있다"라는 메타포는 대재난의 분위기와 더불어 발생하고 있는 "돌발적 사건들이 야기시키는 분노에 대하여 고통스럽게 반응"[29]하는 시민의 당혹감을 보여주고 있다. 시민사회를 구성하는 "시민," 그리고 시민사회에 속하는 "대부분의 사람들"은 대재난을 준비하면서 그들에게 다가오는, 낯선 외부 세계에 의하여 혼란과 당혹감에 빠져드는 것이다. 제1련과 7련의 메타포는 시민의 일상적 의식이 혼란에 처하게 된 표징을 보여주고 있는 셈이다. 이 같은 의미 형성 *Versinnbildlichung* 의 차원은 시민사회가 붕괴되었음을 독자에게 매개하기에 충분하다.

「세계의 종말」의 모든 행에서 확연하게 드러나고 있는 것은 무질서·혼란·파괴, 그리고 붕괴의 형상들이다. "뾰쪽한 머리 끝"이 암시하고 있듯이 "기형으로 된 머리,"[30] 절규, 기왓장의 붕괴, "두 동강이 난다," 해일의 발생, 사나운 바다의 발호, 제방들의 무너짐, 사람들의 코감기, 기차들의 추락,——이 모든 형상들은 산업 문명에 기초를 둔 시민사회가 붕괴되었음을 지시해주는 상징적 표현들이다. 급격한 산업화에 의하여 새로이 출현한 외부 세계의 질서들이 붕괴됨과 더불어, 이러한 세계를 지각하는 시인의 지각 주체도 대재난을 예견시키는 무질서와 혼돈의 와중에서 분열에 이르게 되어 함께 붕괴하는 것이다. 외부 세계의 붕괴, 주체의 붕괴, 그리고 이들 두 요소의 공동 붕괴는 「세계의 종말」이 의도하는, 세계 종말의 주제 의식을 결정화(結晶化)하는 데서 수렴된다 : "모든 형상들은——매우 다양하고 상이한 면에 걸쳐서——시민사회가 붕괴되었다는 표상과 체험들을 설득적으로 매개하고 있다. 그것들은 무질서를 형상화시키고 있으며, '세계 종말'의 주제에 의하여 정의되는 표

---

29) U. Reiter, *Jakob van Hoddis*, a. a. O., S. 117.
30) *Ebd.,* S. 117.

현들을 형성하고 있는바, 이 같은 표현들은 '그것들 자체로서
닫혀진 하나의 완결체가 이루어내는 충'[31]을 형성하고 있다."[32]
여기에서 말하는 충이란 세계 종말을 의미하는 것에 다름아니
며, 세계 종말은 시민사회의 붕괴에 의하여 가시화되는 것이다.
　붕괴를 경험하는 당혹감의 이면에는 그러나 외부 세계의 변
화에 대한 시적 주체의 공격적 입장[33]도 감지될 수 있다. 한스
외르크 슈나이더는 「세계의 종말」에서 시민성 *Bürgertum*에
대한 공격성을 해석해내고 있다.[34] 이에 대한 보다 자세한 해설
을 우도 라이터에게서 들어보자: "시민적인 것에 의하여 특히
선명하게 각인되어진 세계에서 보여지는, 눈에 확연하게 들어오
는 종말에서 이러한 광경에 대한 공격에의 욕구와 종말감이 함
께 만나고 있다. 이것은 시민사회에 대하여 반대적 입장을 취하
는 공격성에의 연관점을 즉각 제공하고 있다."[35] 「세계의 종
말」에서 보이는 공격적 요소는 또한, 정치적으로는, 제국주의적
입장을 견지하면서 전쟁을 준비하던 당시의 시대 상황에 대한
비판적 공격성으로도 해석될 수도 있을 것이다.[36] 시민사회에
대한 공격적 입장은 또한 표현주의 시의 사회 비판적 요소로 해
석될 수 있기도 하다.[37] 그러나 「세계의 종말」에 내포된 비판

---

31) 작은 따옴표는 글쓴이가 임의로 사용한 것임.
32) S. Vietta/H. G. Kemper, *Expressionismus*, a. a. O., S. 32.
33) 이에 대해서는 이미 인용한 우도 라이터의 견해를 참조할 것(p. 23).
34) Vgl., H. Schneider, *Jakob van Hoddis*, a. a. O., S. 79.
35) U. Reiter, *Jakob van Hoddis*, a. a. O., S. 117.
36) 표현주의 문학 전반에 걸쳐서 나타나는 공격성에 대하여 토마스 안츠가 설득
　　력 있는 견해를 개진하고 있다 : "표현주의는 과거의 문제에 맞춰져 있기보다
　　는 현재나 미래의 문제에 맞춰져 있다. 표현주의에 있어서의 비판적 공격성
　　은, 빌헬름 체제의 독일이 가부장적인 권위로 보존시키려고 했던, 인간에게
　　더 이상 희망을 줄 수 없을 정도로 낡아빠진 인습과 판에 박인 사고에 대한
　　공격성이다"(T. Anz, "Entfremdung und Angst," a. a. O., S. 25).
37) 이에 대해서는 크리스토프 아이크만 C. Eykman의 뛰어난 해석을 참조할 것
　　(vgl., C. Eykman, *Denk-und Stilformen des Expressionismus*, Mün-
　　chen, 1974).

28

적 공격성은 직접적 적극성을 보이고 있지 않다. 직접적으로 표출된 비판성이 특정 세계관을 의도적으로 지향하는 이데올로기와 결합될 때, 비판성은 특정 세계관을 강요하는 폭력으로 돌변한다. 바로 이런 관점에서 볼 때「세계의 종말」은 간접적 비판성에 머물러 있으며, 보편적으로 확인될 수 있는 부정성 *Ne-gativität*, 즉 이 시에서는 산업 문명이 야기하는 부정성을 독자에게 강요하지 않으면서도 독자에게 설득력 있게 인식시키고 있는 것이다.

우리는 이제까지 대재난의 도래를 예견시키는 것과 밀접하게 연관되어 있으며, 산업 문명과 결합된 시민사회의 붕괴와 더불어 가시화되는 세계 종말에 대한 시적 형상화의 성공적 경우를 반 호디스의 시「세계의 종말」에서 확인하였다. 이 시는 우리가 보편적으로 인정할 수 있는 부정성, 즉 산업 문명이 유발시키는 부정성을 세계 종말이라는 위기 의식을 통하여 독자들에게 인식시킴으로써 '시적으로 형상화에 이른 경험'이 역사적 경험으로서의 중요성을 획득할 수 있음을 보여주고 있다. 산업 문명이 본격적으로 전개된 이래의 인류 역사는 예나 지금이나 산업 문명이 유발시킨 부정성과 대결하지 않을 수 없는 필연성의 연장선상에 놓여 있기 때문이다.

5. 위기의 변증법, 또는 시적 상상력의 역사성

위기에 대한 인식은 변증법적이다. 위기의 표징들이 구체적으로 감지되면 위기에 대하여 진단을 시도하고 위기로부터 벗어날 대책을 강구하기 때문이다. 자본주의의 본격적 전개와 더불어 태동한 서구 시민사회가 이미 19세기에 구조적으로 위기에 봉착해 있었음을 가장 강력하게 주장한 사람은 바로 칼 마르크

스였다. 그가 위기 진단의 주도적 원리로 삼았던 것은 잘 알려
진 대로 계급 대립주의 *Klassenantagonismus* 였으며, 바로 계
급 개념의 지양에서 위기에 대한 대책을 내놓았다. 막스 베버
Max Weber도 역시 자본주의적으로 전개되는 시민사회의 본질
을 합리성의 개념을 통하여 규명하려고 하였으며, 시민사회가
위기에 처해 있었음을 진단하였다.[38] 베버는 다만 구체적 대책
을 제시하는 것을 주저하였다는 점에서 마르크스와 구분된다.
산업 문명과는 불가분의 관계에 있는 자본주의의 본질을 분석
하고, 자본주의의 틀에서 성립되는 시민사회의 위기를 진단한
마르크스와 베버가 그들의 주장을 통용시키기 위하여 사용한
것은 개념들 및 개념의 체계들이었다. 그들은 위기의 진단과 대
책을 개념을 이용하여 행한 것이다. 따라서 그들이 주장한 내용
도 개념적으로 통용성에의 요구 *Geltungsanspruch* 를 제기한
다. 우리가 이 같은 요구에 이르게 되는 데 필요한 문제 제기,
분석 방법, 분석 과정, 결과 도출에 동의하는 경우, 통용성에의
요구는 정당성을 획득한다.

「세계의 종말」에서 표현된 산업 문명과 시민사회의 위기는
그러나 그 어떤 통용성도 요구하지 않는다. 시는 개념을 구사하
지 않기 때문이다. 시는 그러나 개념의 도움을 빌리지 않고도
통용성에의 요구를 간접적으로 제기할 수 있다. 말하자면 독자
의 의식에 호소하는 셈이다. 사회과학이 시민사회의 위기를 진
단함에 있어서, 시민사회의 형태가 복잡해지면 해질수록 복잡함
에 상응하는 개념 체계를 갖추어야 되는 반면에, 시는 이 같은
복잡성을 비개념적으로 매개할 수 있는 메타포만 구사하면 된
다. 이것도 그러나 필연적으로 요구될 필요는 없다. 「세계의 종
말」에서 보이는, 산업 문명의 위기를 상징하는 "기차들은 철교
들에서 추락한다"와 같은 형상은 메타포의 단순함에도 불구하

---

38) Vgl., M. Weber, *Die Protestantische Ethik* I, a. a. O., S. 188.

고 오늘날 인류가 처한 산업 문명의 위기에 대한 인식상의——
비개념적인 차원에 머물러 있지만——선취 *Vorwegnahme*로 해
석되어질 수 있기 때문이다. 이 같은 가능성은 예술 작품이 지
닌 다의성·다층성, 다양한 해석에의 가능성에 그 근거를 둔다.
바로 이런 맥락에서, 시적 상상력이 독자에게 매개하는 외부 세
계에 대한 경험은 역사성을 획득하게 된다. 예술 작품은 "역사
적 경험들의 농축체"[39]이다. 「세계의 종말」이 경고한 산업 문
명과 시민사회의 위기는 따라서 오늘날에도 통용되는 위기이다.
비개념적으로 매개되는 위기 의식이 인간의 의식에 들어와서
인간으로 하여금 의식의 변화에 이르게 한다거나, 또는 개념적
인식으로 변환되어 교육의 형태로 인간에게 수용될 때, 예술적
경험의 역사성은 계몽과 교육의 기능을 획득한다. 예술에서 획
득된 지각이나 인식의 선취는 따라서 역사적 힘을 가질 수도 있
는 것이다. 「세계의 종말」이 시적 상상력으로 선취한, 산업 문
명의 위기에 대한 진단이 경고로 끝나지 않았음을 현재의 인류
역사가 증명해주고 있다.

참 고 문 헌

텍스트

Hoddis, Jakob van, "Weltende," in: K. Pinthus(hrsg.), *Mensch-heitsdämmerung. Ein Dokument des Expressionismus*, Hamburg, 1983, S. 39.

2차 문헌

Adorno, Theodor W., *Ästhetische Theorie*, Hrsg. von R.

---

39) T. W. Adorno, *Ästhetische Theorie*, 5. Aufl., Frankfurt/M, 1981, S. 53.

Tiedemann und G. Adorno, 5. Aufl., Frankfurt/M, 1981.

Anz, Thomas, "Entfremdung und Angst. Expressionistische Psychopathographie und ihre sozialwissenschaftliche Interpretierbarkeit," in: H. Meixner/S. Vietta(hrsg.), *Expressionismus-sozialer Wandel und künstlerische Erfahrung*, München, 1982.

Best, Otto F., "Einleitung," in: Ders.(hrsg.), *Expressionismus und Dadaismus*, Stuttgart, 1984, S.11~22.

_____, "Einleitung," in: Ders.(hrsg.), *Theorie des Expressionismus*, Stuttgart, 1982, S.5~25.

Eykman, Christoph, *Denk-und Stilformen des Expressionismus*, München, 1974.

Hennig, F. W., *Die Industrialisierung in Deutschland 1800~1914*, Paderborn, 1973.

Hermann, Helmut G., "Jakob van Hoddis, 'Weltende'," in: H. Denkler(hrsg.), *Gedichte der "Menschheitsdämmerung,"* München, 1971.

Kemper, Hans Georg, *Vom Expressionismus zum Dadaismus. Eine Einführung in die dadaistische Literatur*, Kronberg/Ts, 1974.

Knopf, Jan/Žmegač, Viktor, "Expressionismus als Dominante," in: V.Žmegač(hrsg.), *Geschichte der deutschen Literatur vom 18. Jahrhundert bis zur Gegenwart*, Band II/2, 1848~1918, 2. Aufl., Königstein/Ts, 1985, S.413~500.

Lohner, Edgar, "Die Lyrik des Expressionismus," in: W. Rothe(hrsg.), *Expressionismus als Literatur*, Bern, 1969, S.107~26.

Reiter, Udo, Jakob van Hoddis, *"Ein Beitrag zur Erfor-schung des Expressionismus*, Bern, 1967.

Riha, Karl, "Dem Bürger fliegt vom spitzen Kopf der Hut," in: H. Hartung(hrsg.), *Gedichte und Interpretationen. Vom Naturalismus bis zur Jahrhundertmitte*, Stutt-gart, 1983, S. 118~25.

Schneider, Hansjörg, *Jakob van Hoddis. Leben und lyri-sches Werk*, Göppingen, 1970.

Vietta, Silvio/Kemper, Hans Georg, *Expressionismus*, Mün-chen, 1975.

Weber, Max, *Die Protestantische Ethik I. Eine Aufsatz-sammlung*, Tübingen, 1981.

산업 문명과 현대적 현실
—— 게오르크 하임의 대도시 시에 나타난 문명 비판

1. 산업 문명과 문학

18세기 중반 영국에서 본격적으로 시작된 산업 혁명은 전통적으로 자연의 질서와 인간의 노동에 의존해오던 인간의 삶의 구조를 근본적으로 변환시켰다. 산업 혁명에 의해 변화된 인간의 자연관과 이 혁명과 더불어 궤도에 오르기 시작한 기술 문명[1]의 결합은 지구상에 산업 문명이라는 문명 체계를 구조적으로 정착시켰다. 산업 문명은, 인간의 직접적이고도 개별적인 노동의 형태에 의존하던 생산 방식 및 이보다 조금 진보한 수공업적 공장제 *Manufaktur* 생산 방식이 자체로서 동력과 생산력을 갖는 기계의 발명과 더불어 공장제 생산 방식으로 전이된 후 노동의 구조, 생활 공간의 구조, 기술, 교통 체계, 통신 체계, 사회 계층의 형성, 사회 제도 등을 혁명적으로 변화시키면서 발생한 문명 체계이다. 서구의 사회과학자들은 인간의 전체 생활 공간이 이 문명 체계에 따라 변화되는 과정을 산업화 *Industrialisierung*, 근(현)대화 *Modernisierung*, 합리화 *Rationalisierung* 라는 개념으로 설명하고 있으며, 이런 과정들을 총칭하는 용어로서 우리는 산업 문명이라는 표현을 사용할 수 있다. 산업 문명

---

1) 이 개념에 대한 이론적 서술은 이 책에 실린 논문 「독일 표현주의 시와 기술 문명 비판」에서 비교적 상세하게 시도하였음.

체계가 서구뿐만 아니라 지구의 전지역에서 그 위력을 발휘하는 현실을 우리는 서구화 *Verwestlichung* 또는 유럽화 *Europäisierung* 라는 용어에서 아이러니컬하게도 확인할 수 있다. 산업 문명 체계는, 비서구인의 의사와는 무관한 채, 이제 인류의 운명이 된 것이다.

인간의 삶을 혁명적으로 바꾸어놓은 산업 문명 체계는 인간의 삶을 총체적으로 표현해내는 수단인 문학에도 결정적 영향력을 행사한다. 19세기 후반에 이르러 급격한 산업화의 과정을 밟은 독일의 경우, 우리는 외부 세계의 이 같은 변화를 문학적으로 표현한 구체적 실례를 독일 표현주의 문학에서 확인할 수 있다. 독일 표현주의자들이 급격한 산업화를 가장 결정적으로 표징하는 공간으로서 인식한 것은 대도시 공간이었다. 대도시 공간은 특히 독일 표현주의 시의 중요한 소재가 되었는바, 대도시 공간에 대한 시적 형상화에 있어서 빼어난 업적을 남긴 시인은 게오르크 하임 Georg Heym이었다. 이런 맥락에서, 우리는 하임의 대도시 시가 산업 문명에 의하여 구축된 현대적 현실에 대한 미메시스[2]라는 점과, 동시에 이 같은 미메시스는 문명 비판의 주제 의식을 담고 있다는 사실을 보여주려고 한다.

---

2) 미메시스의 전통적 의미는 '현실을 모사하듯이 사실적으로 묘사 또는 표현하는 것'으로 요약될 수 있겠다. 미메시스 개념의 역사적 전개는 슈테판 콜 Stephan Kohl이 잘 정리하고 있다(Vgl., S. Kohl, *Realismus. Theorie und Geschichte*, München, 1977). 그러나 우리는 이 용어를 아도르노가 그의 예술 이론에서 근거 세운 내용에 따라 사용하고자 한다. 이에 대해서는 소절 2.Ⅲ에서 보다 자세히 언급할 것임.

2. 서정시적 세계와 현실:
문학사회학적 해석에의 전제 조건들

I. 방법론적 인식 관심

문학 및 문학적으로 서술된 세계는 비학문적인 특징을 지니고 있다. 이처럼 비학문적인 대상을 어떻게 하면, 그리고 얼마만큼 학문적 체계에 넣어볼 것인가 하는 물음은 문예학 *Literaturwissenschaft* 의 역사에서 제기된 중요한 물음이었다. 독일의 경우, 19세기 이래 실증주의적 방법론 *positivistische Methode* 을 필두로 문예학의 방법론이 시작된 후, 위의 문제를 해결하기 위하여 정신사적 *geistesgeschichtlich* 방법론, 심리 분석적 *psychoanalytisch* 방법론, 마르크스주의적 *marxistisch* 방법론, 현상학적 *phänomenologisch* 방법론, 해석학적 *hermeneutisch* 방법론 등으로 대표되는 시도가 있었다.[3] 문예학의 방법론사는 한마디로 철학·심리학과 같은 인문과학과 사회학과 같은 사회과학의 전개와 궤를 같이해온 것이다. 이처럼 다양하게 전개되어온 문예학의 방법론은 또한 학문의 시대적 조류, 시대정신 *Zeitgeist*, 역사적·사회적 현실의 동향과 밀접한 관련을 맺고 있다. 제 2 차 대전 후 독일 문예학에서 중심적 지위를 차지하던 현상학적 방법론이나 해석학적 방법론은 이른바 68 학생 운동을 기점으로 해서 거의 퇴조하였으며 마르크스주의적

---

3) 이에 대해 자세히 언급하는 것은 여기에서 시도될 바가 아니다. 이런 논의에 대한 핵심적 조망은 다음의 책들을 참조할 것: J. Hermand, *Synthetisches Interpretieren*, 11. Aufl., München, 1978; F. Nemec/W. Solms(hrsg.), *Literaturwissenschaft heute*, München, 1979. 문예학 방법론은 최근에 이르러 특히 프랑스 후기구조주의의 영향을 받아 담론 분석적 방법론, 해체적 방법론 등으로 전개되고 있는 실정이다. 우리는 하임의 대도시 시의 사회적 내실 *Gehalt*을 해석하는 데는 문학사회학적 방법론이 가장 적합하다는 전제에서 출발한다.

방법론이 전면에 부각되기에 이르렀다. 마르크스주의적 방법론에 그 기초를 두고 있는 문학사회학적 입장은, 문학의 언어 예술적인 속성을 소홀히 다룰 수 있는 약점을 내포할 뿐만 아니라 후기 루카치Georg Lukács의 경우처럼 문학을 특정 이데올로기의 도구로 전락시키는 오류를 범하고 있음에도 불구하고, 문학적으로 서술된 세계와 역사적 사회적 현실의 제반 관계들을 연구하는 데 있어서 많은 공헌을 하였다. 그럼에도 불구하고 다른 한편으로, 문학적 세계는 시인이나 작가의 주체성 *Subjektivität* 을 통하여 표현에 이르게 된다는 점과 어떻게 하면 문학적 세계가 객관적 현실과 관련을 맺은 채 해석되어질 수 있는가 하는 점을 고려해보면, 문학적 세계와 외부 세계의 현실을 학문적으로 연결시키는 해석이 용이하지 않음을 알 수 있다. 우리는 이 문제를 독일 표현주의 문학을 해석하는 입장에 관련시켜 보다 자세히 검토해보려고 한다.

　이 문제는 독일 표현주의 문학을 연구할 때 특히 심각하게 제기된다. 독일 표현주의 문학은 그 발생 이래 특히 주관적이었을 뿐만 아니라 주관성을 표현에 옮기는 데 있어서도 파격적이었기 때문이다. 독일 표현주의 문학은 극도의 주관성이 정열과 결합되어 나타난 외침의 문학이었다. 따라서 독일 표현주의 문학이 20세기에 벌어진 문학과 현실의 관계에 대한 논쟁사에서 가장 결정적인 획을 그었을 뿐만 아니라 그 이후에도 문학과 현실을 보는 시각에 지속적으로 영향을 미친 표현주의 논쟁[4]을 유발한 것은 결코 우연한 일이 아니다. 이 논쟁에 참가한 여러 작

---

4) 이에 대한 자세한 내용은 다음의 책을 참조: Hans-Jürgen Schmitt(hrsg.), *Expressionismusdebatte. Materialien zu einer marxistischen Realismuskonzeption*, 1. Aufl., Frankfurt/M, 1973. 루카치의 표현주의 비판에 대해서는 요셉 뒤르Josef Dürr가 매우 상세하게 분석하고 있다(Vgl., J. Dürr, *Die Expressionismusdebatte. Untersuchungen zum Werk von Georg Lukács*, Diss., München, 1982).

가·비평가·이론가 들은 한치의 양보도 없이 자신들의 입장만
을 주장하는 극단적 대립의 양상을 보였다. 이런 대립의 한 예
로서 게오르크 루카치와 에른스트 블로흐 Ernst Bloch의 논쟁
이 있다. 루카치는 독일 표현주의 문학을 독일 제국주의라는 특
정 이데올로기의 관점에서 바라보며, 종국적으로는 파시즘과 동
일시하였다.5) 그는 독일 표현주의 문학에서 보이는 주관성을
결단코 거부하였다. 그러나 글쓴이가 보기에, 독일 표현주의 문
학에 대한 루카치의 격렬한 비판에는 모순이 내재되어 있다. 루
카치가 현실에 대해서 자신이 스스로 정치적인 입장에서 설정
한 척도로 독일 표현주의를 비판하였을 뿐만 아니라 문학과 현
실과의 관계를 분석함에 있어서 자신이 객관주의적으로 *objek-
tivistisch* 확고부동하게 결정지어놓은 원리를 가지고 극도로 주
관주의적으로 서술된 독일 표현주의의 문학 세계를——연역적
방법으로——고찰하였다는 사실에서 모순이 발생하는 것이다.
블로흐는, 루카치와는 전혀 반대로, 독일 표현주의자들이 예술
적으로 시도한 것에 내재하는 주관주의적인 모멘트의 가치를
인정하였으며 독일 표현주의의 표현 형식에서 현실과 관련이
있는 모멘트들을 보았다. 블로흐는 독일 표현주의 문학은 인간
이 처해 있는 사회적 상황에서 "인류애적인 것을 지향하였으
며, 전적으로 인간적인 것의 둘레에 있었다"6)는 평가를 내리고
있다. 루카치에 있어서는 독일 표현주의 문학이 객관적 현실과
는 아무 관련이 없는, 독일 제국주의자들의 이데올로기에 오염
된 단순한 주관성의 표출일 뿐인 데 비해, 블로흐에 있어서는

---

5) G. Lukács, "Größe und Verfall des Expressionismus," in: H. G. Rötzer
(hrsg.), *Begriffsbestimmung des literarischen Expressionismus*, Darm-
stadt, 1976, S. 33ff., 63ff.
6) Vgl., E. Bloch, "Diskussionen über Expressionismus," in: H. G. Rötzer
(hrsg.), *Begriffsbestimmung des literarischen Expressionismus*, a. a.
O., S. 102.

표현주의 문학의 문학적 주관성을 인간이 처해 있는 객관적 현실과 서로 관련시켜 고찰할 수 있는 가능성이 인정되고 있다.

두 이론가의 극단적 대립에서 곧바로 확인될 수 있듯이, 독일 표현주의 문학을 문학사회학적으로 해석하는 것은 많은 어려움을 동반한다. 이런 난점은 게오르크 하임의 서정시를 해석하는 데도 해당된다. 하임의 서정시를 해석하는 관점은 크게 두 입장으로 분류될 수 있으며, 두 입장은 극단적 대립의 양상을 보인다.[7] 그럼에도 불구하고 하임의 서정시를 문학사회학적으로 해석하려는 입장은 쿠르트 마우츠 Kurt Mautz의 연구 이래——의심할 여지없이——가장 중요한 방법론적 관점의 하나가 되었다. 이 방법론의 문제점을 그러나 일단 짚어보고, 보다 나은 시각을 획득하기 위하여 표현주의자들에 대한 루카치의 비판을 좀더 살펴볼 필요가 있다. 루카치는 독일 표현주의자들에 의하여 문학적 현실로서 주장된 것의 본질을 다음과 같이 격렬하게 비난한다: "표현주의자들[8]은 이처럼 주장하는 것을 서정시에서 다음과 같은 방식으로 행한다. 그들은 다음의 세 가지 사항, 즉 창조 과정 자체, 주관주의적인 모멘트를 증류해내는 것, 객관적인 현실로부터 유리된 채 주관성만을 추상화하는 것을 노출시켜 전시할 뿐이다. 그들은 이런 방법으로 자신들의 주장을 밖으로 드러낸다. 그들은 객관적인 현실을 사고를 통하여 정리하고 장악할 능력이 없는 것을 세계가 무질서하며 시인은 독립

---

7) 쿠르트 마우츠 Kurt Mautz가 상세하게 이루어놓은, 하임의 서정시에 대한 연구는 하나의 방향을 대표한다. 이 방향에서는 현실 및 사회에 연관되는 모멘트들이 하임의 서정시의 주제를 본질적으로 형성하는 것들 중의 하나라는 주장이 제기된다. 이런 입장은 실비오 비에타 Silvio Vietta가 수용하였다. 예컨대 하인츠 묄레케 Heinz Rölleke나 크리스토프 아이크만 Christoph Eykman이 대표하는 다른 또 하나의 방향에서는 하임의 서정시가 주관성이 단순하게 나타난 것으로 해석되거나 또는 환시적인 탈현실화로 해석된다. 이 문제에 대해서는 이 논문의 끝부분에서 짧게 논의될 것임.
8) 원문에는 단수로 되어 있으나 문맥을 고려하여 복수로 옮김.

적으로 행위를 한다는 사실로 호도하면서 이를 하나의 형식으로 '모아서 두리뭉실하게' 한다."9) 루카치의 이러한 비판에서 볼 수 있듯이, 하임의 서정시가 문학적 대상들에 대한 주관주의적인 신화화 *Mythologisierung*10)인지, 또는 객관적 현실에 대한 미메시스적인 서술로 볼 수 있는지 하는 물음이 하임의 시를 해석할 때 제기된다. 만약 예술가의 행위를 통하여 객관적 현실을 포착하는 것 또는 문학적 포착에 있어서 서술 형식과 서술 방법이 문제된다면, 독일 표현주의 시에 대한 루카치의 비판은 정당성을 획득할 수도 있을 법하다. 그러나 독일 표현주의 시에 객관적 현실이 내포되어 표현되어 있다는 것에 대한 루카치의 단호한 거부는 거의 수용될 수 없다. 왜냐하면 그는 표현주의 시에서 사용된 언어에서 보이는 메타포적이고, 상징적이며, 알레고리적인 기능을 제1차적으로 주목하지 않고, 예술가의 행위에 의하여 표현으로 나타난 현상들을 다만 앞서서 언급한 그의 척도, 즉 "객관주의적으로——밀폐된 현실 개념"11)이라는 척도로 포착하고 있기 때문이다.

문학은 그러나 특정 이데올로기의 담지자도 아니고, 세계관에 의한 특정 원칙에 따라 자의적으로 형성되는 산물도 아니다. 오히려 문학은 하나의 예술로서 제일차적으로 "자체내에서 닫혀져 있는, 언어적인 구조물"12)이다. 이처럼 기초적인 인식이 일단 통용된 이후에 비로소 문학 작품에는 객관적 현실의 모멘트가 표현되어 있다는 인식이 고려될 수가 있는 것이다.

그렇다면 우리가 이 논문에서 의도하는 해석이 나아갈 방향이 명백해진 셈이다: 문학의 언어 예술적인 속성과 객관적 현

---

9) G. Lukács, "Größe und Verfall des Expressionismus," a. a. O., S. 56.
10) 이 개념에 대해서는 추후 논의될 것임.
11) E. Bloch, "Diskussionen über Expressionismus," a. a. O., S. 100.
12) Wolfgang Kayser, *Das sprachliche Kunstwerk. Eine Einführung in die Literaturwissenschaft*, 5. Aufl., Bern/München, 1959, S. 5.

40

실에 대한 미메시스적인 모멘트를 동시에 고려하는 해석이 하임의 서정시에서 어떻게 가능할까? 그리고, 하임의 서정시에서 보이는 주관성과 객관적 현실 사이의 연계점은 어디에서 찾아질 수 있을까? 이와 같은 인식 관심에서 이 논문은, 최소한 하임의 대도시 시 *Großstadtlyrik* 에서는 대도시에 대한 메타포적인 형상들이 자체로서 닫혀진 언어 예술 작품을 형성하고 있으며 이러한 예술적 형상화에서 메타포적인 형상들은 새롭게[13] 형성된, 객관적으로 확인 가능한 현실로서의 대도시 세계에 대한 미메시스적인 기능을 성취하고 있다는 테제 *These* 에서 출발한다.

문학적 언어는 현실에 대한 인식을 매개하는 기능을 가지고 있다는 것이 이 논문의 인식 관심을 가능하게 하는 이론적 기초가 된다. 이런 의미에서 테오도르 아도르노 Theodor W. Adorno 의 견해는 그런 이론적 기초로서 받아들여질 수 있다: "서정시적 형상에서 보이는, 바로 이것에 특이한 역설 *Paradoxie*, 즉 객체성으로 변모되는 주체성은 서정시에 있어서 언어적 형상이 차지하는 우위와 결합되어 있다. 바로 이런 우위로부터 문학에 있어서 언어의 최우선적 지위가 유래하는 것이며, 이것은 산문의 형식에까지 해당된다. 왜냐하면 언어는 그것 스스로 이중적이기 때문이다. 언어는 자신이 가진, 마치 성좌(星座)와 같은 형태들을 통하여 주관적인 자극들에 자신의 인상을 철저하게 심어준다; 그렇다, 언어에는 이런 특성이 결핍되어 있지 않은 것이다. 그리고 우리는 언어가 그런 자극들을 일단은 유발시킨다고 생각할 수 있다. 그러나 언어는 다시금 개념들의 매체로 머물러 있다. 이러한 매체는 일반적인 것과 사회에 대한, 절대적으로 빼놓을 수 없는 관계를 산출한다."[14] 시인이 자신의 주

---

13) 대도시 공간이 왜 새로운 공간인가 하는 문제는 3절에서 자세히 거론될 것임.
14) T. W. Adorno, *Noten zur Literatur*, 1. Aufl., Frankfurt/M, 1981, S. 56.

체성을 표출하는 수단인 언어를 통해 이루어놓은 형상물인 서
정시에서는 그러나 객체적 현실인 사회와의 관계가 표현되어
있다는 아도르노의 통찰은 언어 예술 작품으로서의 서정시와
객관적 현실을 이론적으로 연결시켜주기에 충분한 것이다.

Ⅱ. 해석의 방법적 절차, 해석의 대상

우리가 설정한 인식 관심에 의거하여 하임의 대도시 시에 대
한 해석의 실행은 단계적으로 진행된다. 맨 첫번째 절차로서,
우리는 대도시를 생활 세계의 한 형태로서 출현하는, 객관적 현
실이라는 점을 경험과학적 입장에서 최대한 축약하여 설명할
것이다. 이어서 대도시의 전개가 인간의 삶과 대상에 대한 시인
의 지각 구조에 영향을 미친다는 점을 분명하게 할 것이다. 이
런 연후에 비로소 우리는 독일 표현주의 문학을 구성하는 중심
모티프의 하나로서의 대도시를 문예학적으로 논의할 수 있게
된다. 이와 같은 맥락에서 하임의 대도시 시가 보다 근본적으로
해석될 수 있는 것이다. 우리가 시도하는 해석은 따라서 하임의
대도시 시에——여기에는 대도시라는 객관적으로 확인할 수 있
는 현실이 표현되어 있다——내포되어 있는, 언어적으로 의미를
내보이는 특성의 분석에 중점을 둔다. 시의 형식을 분석하는 것
은 물론 시를 해석하는 데 있어서 빼놓을 수 없는 중요한 요소
중의 하나이다. 그러나 우리의 해석에서 이 점은 중요하게 고려
되지 않을 것이며, 간단한 분석에 그칠 것이다. 하임의 서정시
는 독일 표현주의 문학의 초기에 창작되었다는 사실이 간과되
어서는 안 되며, 바로 이런 까닭에서 우리의 해석은 초기 표현
주의 시에서 보이는 결정적 주제 의식인 '문명 비판과 세계의
종말'과 연결된다. 문명 비판은 산업 문명 비판에 다름이 아니
며, 세계의 종말에 대한 의식은 산업 문명이 유발한 대도시나
전쟁과 같은 현실이 인류 문명의 종말을 초래할 수 있다는 위기

의식이다.

하임의 대도시 시가 산업 문명과 현대적 현실에 대한 미메시스이며 문명 비판의 주제 의식을 담고 있다는 사실을 주장하기 위하여, 우리는 하임이 남겨놓은 많은 대도시 시들 중에서 「베를린을 소재로 한 시들 Berlin-Gedichte」 「도시들의 귀신들 Die Dämonen der Städte」[15] 「도시의 신 Der Gott der Stadt」 「시 외곽지 Die Vorstadt」와 같은 시들을 중점적으로 분석할 것이다. 또한 시인의 주체성에 근거를 두어 언어적으로 표현된 문학 세계가 객체적 현실의 미메시스가 될 수 있다는 사실을 보여주기 위해서 하임의 대도시 시들은 시행 *Zeile*이나 연 *Strophe*의 형태로 인용될 것이다.

Ⅲ. 두 용어에 대해 : 미메시스, 현대적

미메시스 *Mimesis*는 서양에서 플라톤 이래 사용되는, 예술 및 문학 이론 분야에서 매우 중요한 비중을 차지하는 개념어이다.[16] 미메시스는 원래 무엇에 대한 모방을 의미하며, 특히 리얼리즘 계열의 예술에서 자연이나 현실을 가능한 한 그것들에 충실하게 모사하듯이 표현하는 것을 뜻한다. 이처럼 유구한 역사를 가진 미메시스라는 용어는 중세·르네상스·계몽주의 시대에도 역시 예술이 현실을 모사한다는 원리를 설명할 때 사용되었으며, 유럽에서 특히 19세기에 리얼리즘 문학이 성행하면서 용어상으로 그 비중을 더하게 되었다. 미메시스에 대한 이해의 역사는 예술과 현실과의 관계를 설명하려는 역사라 해도 지나친 말이 아니다. 20세기에 이르러 리얼리즘을 이해하는 시각이 이론가들에 따라 여러 가지 상이한 편차를 보이면서 미메시스

---

15) Dämon은 독어에서 원래 '초자연적인 힘을 가진, 인간과 신을 중개하는 귀신·마귀·악마'라는 뜻을 갖는 낱말이다. 그러나 우리는 귀신이라는 말로 번역하기로 한다.

16) Vgl., S. Kohl, *Realismus. Theorie und Geschichte*, München, 1977.

에 대한 견해도 여러 갈래로 나타나게 되었다. 우리는 여기에서 아도르노의 견해를 차용하고자 하는바, 그 까닭은 그에 있어서 미메시스라는 개념이 인류학적·인식론적·사회 이론적 차원을 지닐 뿐 아니라, 예술 이론적 차원에서 사용된 미메시스라는 개념이 사회적 현실과 직결되어 있는 차원을 지니기 때문이다.[17] 미메시스는 인식 주체가 대상에 자기 자신을 비슷하게 함으로써 대상을 있는 그대로 참되게 인식하는 가능성이며, 특히 예술 이론적 차원에서의 미메시스는 인식 주체로서의 예술가의 주체성이 자기 자신을 대상에 비슷하게 하듯이, 바로 그렇게 경험적 현실을 인식할 수 있는 가능성이다. 아도르노에 있어서 특이한 관점은 경험적 현실이 예술적 주체에게 야기시키는 충동, 즉 표현하지 않고는 견딜 수 없는 충동이 바로 미메시스의 본질에 속한다는 사실이다. 이런 점에서 보면 하임의 대도시 시는 대도시라는 경험적 현실을 표현하지 않고는 견딜 수 없는 하임의 충동에 의한 산물이라는 해석이 가능해진다. 이러한 충동의 근저에는 그러나 세계가 개인에게 주는 고통이라는 아도르노의 생각이 놓여 있다. 우리는 바로 이 생각에 주목하고자 하며, 대도시가 시인에게 주는 고통은 대도시 문명에 대한 부정적 인식 및 비판으로 나타나게 되는 것이다. 따라서 현대적 현실의 미메시스로서의 대도시 시라는 개념은 대도시 공간이 인간에게 주는 고통을 표현했다는 의미를 내포하고 있는 것이다.

'현대적 *mordern*' 또는 '현대'라는 용어는 철학·역사학·사회학·미학·문예학, 그리고 심지어는 자연과학에서조차 사용되는 매우 다양한 의미의 층을 포함하고 있다. 따라서 이처럼 다의적으로 사용되는 개념어를 사회학적으로,[18] 철학적으

---

17) 이에 대해서는 글쓴이의 책 『아도르노의 사회 이론과 예술 이론』을 참조할 것 (pp. 58ff., 181ff.).

18) Vgl., z. B. H. J. Dahme und O. Rammstedt(hrsg.), *Georg Simmel und die Moderne*, 1. Aufl., Frankfurt/M, 1984.

로,[19] 그리고 예술 이론적으로[20] 자세하게 설명하는 것은 여기에서 시도될 일이 아니다.[21] 이 논문에서 시도되는 것은 하임의 대도시 시를 '현대적 현실'과의 연관 관계에서 해석하는 것이기 때문에, 여기에서는 최소한 현대의 기본 특징들을 특히 독일의 급격한 산업화 과정에서 '새롭게' 형성된 공간으로서의 대도시 세계라는 관점에서 언급하는 데 그친다. 현대를 특징짓는 가장 결정적 징표는 바로 '새로움'이라는 것이기 때문이다.

예술 이론적 차원에서의 현대에 관한 논의는 특히 독일 및 프랑스 학계에서 광범위한 설득력을 획득하고 있는 벤야민의 보들레르 해석에서 그 기점을 찾고 있으며, 그의 해석은 프랑스에 있어서 자본주의가 거의 절정에 도달한 *hochkapitalistisch* 시점과 관련을 맺고 있다. 벤야민에 의하면, 보들레르는 자본주의가 절정에 도달함과 동시에 형성된, 인간에게 위압적이며 적대적으로 다가오는 사회 질서가 유발하는 여러 가지 새로운 현상들, 예를 들어 보헤미안이 된 인간의 모습, 빈둥거리는 인간

---

19) Vgl., Jürgen Habermas, *Der philosophische Diskurs der Moderne. Zwölf Vorlesungen*, 1. Aufl., Frankfurt/M, 1988.

20) W. Benjamin, "Charles Baudelaire. Ein Lyriker im Zeitalter des Hochkapitalismus," in: *Gesammelte Schriften* I. 2, Hrsg. von R. Tiedemann und H. Schweppenhäuser, Frankfurt/M, 1980, S. 509~654; T. W. Adorno, *Ästhetische Theorie*, Hrsg. von G. Adorno und R. Tiedemann, 5. Aufl., Frankfurt/M, 1981.

21) 이에 대해서는 독일어권의 대표적 이론가인 아도르노와 하버마스의 견해를 뒤에서 잠깐 언급하기로 한다. '현대'에 관한 논의 자체에 아직도 많은 논쟁의 여지가 있음에도 불구하고, 이미 1980년대에 구미 학계에서는 이른바 '포스트모더니즘'에 관한 논쟁이 본격적으로 시작된 실정이다. 그러나 이 문제는 여기에서 전혀 논외로 한다. 포스트모더니즘을 모더니즘과의 결별로 볼 것인가 또는 모더니즘의 연속으로 볼 것인가에 관한 문제는 아직도 해결점을 찾지 못하고 있다. 독일어권에서 이에 대한 논의는 80년대 후반에 집중적으로 이루어졌다(Vgl. z. B. W. Welsch[hrsg.], *Wege aus der Moderne. Schlüseltext der Postmoderne — Diskussion*, Weinheim, 1988; W. Ch. Zimmerli [hrsg.], *Technologisches Zeitalter oder Postmoderne*, München, 1988; A. Steffens[hrsg.], *Nach der Postmoderne*, Düsseldorf/Bennsheim, 1992).

의 군상, 빈궁에 찌든 대중, 매춘부와 같은 소외 계층들을 문학적으로 '새롭고도' 충격적으로 표현함으로써 문학에 있어서 현대를 알렸다는 것이다.[22] 이것은 물론 프랑스의 경우이다. 영국과 프랑스에 비해 훨씬 뒤늦게 출발한 독일의 산업화는 19세기 후반부에 이르러 급속도로 진행되었으며, 20세기의 시작과 더불어 정점에 다다르게 되었다. 이와 같은 전개 과정에서 대도시는 하나의 새로운 현실로서 돌출하게 되었으며, 우리는 바로 '새로운 현실'과 '현대'를 연관시켜 하임의 대도시 시를 현대적 현실의 미메시스로 보고자 하는 것이다. 생활 세계가 혁명적으로 변화하는 과정에서 새로이 등장한 현실에 대한 반응들도 대부분의 경우에는 대도시라는 공간에서 이루어졌다. 이에 대한 전형적인 실례가 바로 독일 표현주의 문학이라는 것은 의심의 여지가 없다. 실비오 비에타 Silvio Vietta 도 표현주의자들에 있어서 대도시 경험을 현실에 대한 '새로운' 경험으로 보고 있다: "대도시 경험이 표현주의자들에게 그토록 충격적으로 작용했으며, 하나의 문학적 형식, 즉 서로 관련이 없는 채 충격적으로 변화되는 모습을 보이는 형상의 모멘트를 스스로 내포하고 있는 그러한 형식을 활성화시켰다는 것은 대도시 경험이 역사적으로 새로운, 그리고 아직 정신적으로 충분히 장악하지 못한 경험이었다는 사실과 본질적으로 관련을 맺고 있다."[23] 예술가도 이에 상응하여 자신의 작업을 생각할 것이며 그 결과로 나온 작품들도 역시 '새로움'이라는 것으로 특징지어질 수 있다. 이처럼 '새로움'이라는 것에 붙여진 용어인 '현대적'이라는 말은 따라서 '새로움'과 아주 밀접한 관계에 놓여 있는 것이다.

---

22) Vgl., W. Benjamin, "Ein Lyriker im Zeitalter des Hochkapitalismus," a. a. O., S. 509~690.

23) S. Vietta/H. G. Kemper, *Expressionismus*, München, 1975, S. 35.

'현대'에 관한 이론적 논의들에 관한 한, 우리는 그것들이 위에서 언급한 '새로움'이라는 카테고리에서 시도된 것을 금방 확인할 수 있다. 이 분야에서 가장 중요한 이론가들로 인정받고 있는 아도르노와 하버마스도 현대를 바로 '새로움'이라는 것에서 보고 있다. 아도르노 예술 이론의 핵심도 '현대'에 관한 그의 생각에서 드러나고 있다: "다만 새로움에서 미메시스는——그것이 예전의 상태로 되돌아가지 않고[24]——합리성과 혼인을 하듯이 결합한다: 합리는 새로운 것의 전율에서 스스로 미메시스적으로 된다: 이것은 보들레르에게 등대가 되었던 여러 예술가 가운데 한 사람임에 분명한 애드거 앨런 포우 Edgar Ellen Poe 에게서 여태까지 결코 도달하지 못했던 위력으로 이루어진다. 그리고 이것은 모든 현대에서 나타나는 것이다."[25] 하버마스도 역시 현대를 '새로움'의 도움을 빌려 자신의 견해를 개진하고 있다: "시대 정신이 시대와 더불어 동시에 자신을 갱신함으로써 획득하는 현재적 중요성이 하나의 객관적인 표현에 이르도록 도와주는 것, 바로 이것이 현대적인 것으로 통용된다. 이렇게 해서 이루어진 작품들의 표징은 새로운 것이며, 이처럼 새로운 것은 다음에 나타나는 양식에 의한 갱신을 통하여 추월되거나 가치가 저하된다."[26]

지금까지의 전제들을 기초로 해서 우리가 의도하는 바, 즉 하임의 대도시 시는 대도시라는 '새로운' 현실이 시인의 주체성에 의하여——많은 부분 고통스럽게——인식되었기 때문에 현대적 현실의 미메시스로 해석될 수 있다는 우리의 인식 관심이 본격적으로 가능해진다. 이제 새로운 현실의 구체적 실례가 되는 대

---

24) 아도르노에 있어서 미메시스는 원래 원시 시대의 인간이 자연의 위력으로부터 자신을 지키기 위하여 자신의 몸을 자연에 비슷하게 하는 행위에서 유래한다.

25) T. W. Adorno, *Ästhetische Theorie*, a. a. O., S. 38.

26) J. Habermas, "Die Moderne—ein unvollendetes Projekt," in: Ders., *Kleine politische Schriften*(1~4), Frankfurt/M, 1981, S. 446.

도시 공간에 대한 고찰에 들어갈 차례가 되었다.

3. 독일에서 대도시 공간의 형성과
독일 표현주의 문학

I. 역사적 배경

1835년에 이르러 비로소 기차를 운행할 수 있게 됨과 더불어 산업화의 길에 본격적으로 들어선 독일은 19세기 후반기라는 짧은 기간에 농업 국가에서 산업 국가로 변신한다. 산업화에 의한 공장의 도시 집중은 일단은 농촌 인구의 도시 유입을 초래하게 된다. 영국이나 프랑스에 비해 훨씬 짧은 기간에 걸쳐 이루어진 독일의 산업화는 많은 인구가 짧은 기간에 걸쳐 도시로 이입되는 특이한 현상을 야기시켰다. 급격한 산업화와 궤를 같이하는 급속한 도시화는 거대 도시의 탄생을 의미하며, 독일의 경우 이런 변화의 구체적 실례는 베를린이었다.[27] 베를린은 갑작스럽게 돌출한 '새로운' 경험 세계가 된 것이다. 급속한 도시화의 산물인 베를린은 인구와 공장의 밀집 지대로서 현대 산업 문명의 중심이 됨과 동시에, 독일 표현주의자들에게는 충격적 현실로 다가온 새로운 생활 공간이었다. 거의 극적이라고 표현할 수 있는, 베를린의 인구 팽창과 현대 산업 문명의 중심지로서의 발돋움은 독일에서 대도시 문학이 형성되는 역사적 배경이 된다. 간과되어서 안 될 점은, 급속한 산업화 및 이에 따른 현대 산업 기술의 급격한 발전이 대도시에서 살았던 시인이나 작가의 의식에 결정적 영향을 미쳤다는 사실이다.

---

27) 이는 베를린의 인구 팽창이 잘 보여준다. 이에 대해서는 이 책에 실린 논문 「산업 문명의 위기와 시적 상상력」(p.16)을 참조할 것.

Ⅱ. 대도시에서의 변화된 사회 구조 및 생활 구조

산업화는 인간의 삶의 전체 구조를 근본적으로 변화시켰다. 산업화는 노동의 새로운 형태, 예컨대 대규모 생산 설비를 갖춘 공장에 노동력을 집중시키는 형식[28]을 유발시켰으며, 인간의 삶에 유동성 *Mobilität*을 부여하게 되었다. 이는 산업화 이전 *vorindustriell*의 시대에서는 전혀 경험할 수 없었던 새로운 것이었다. 이러한 유동성은 일단은, 앞서 언급했듯이, 인구가 농촌으로부터 도시로 이동하는 형태로 출현하였다. 그러나 인구의 도시 이입이 점증하면서 발생한 유동성은 도시내에서도 역시 하나의 본질적인 현상으로 등장하게 되었으며, 이는 대도시 생활을 특징짓는 중요한 요소가 되었다. 대도시는 많은 인구가 동시에 특정 공간에서 움직이는 것을 요구하는 생활 공간인 것이다. 대도시에서 보이는 이 같은 특징은 산업 문명 시대에서 사회 구조의 기본틀을 형성하는 요인으로 작용되며, 이는 대도시의 형성이 사회적 조직화의 기초를 변화시킬 뿐만 아니라 인간들 상호간의 관계에도 영향을 미치는 것을 의미한다. 짧게 말해서, 대도시에서의 사회 구조의 변화로부터 생활 구조의 변화가 도출되는 것이다. 즉, 인간들 상호간의 관계가 이루어지는 중심지로서의 대도시에서는——산업화와 더불어 발전을 거듭한 기술과 결합되면서——변화된 생활 방식이 새롭게 형성되는 것이다. 경험적으로 쉽게 확인할 수 있는 사회적 현상의 변화를 분석하여 사회 구조의 본질적 변화를 설명하는 데 특별한 능력[29]

---

28) 산업화와 더불어 변화되는 노동자의 노동 형태에 대해서는 위르겐 코카 Jürgen Kocka가 잘 분석하고 있다(Vgl., J. Kocka, *Lohnarbeit und Klassenbildung*, Berlin/Bonn, 1983, S. 71~124).

29) 짐멜은 분업과 같은 사회학적으로 매우 중요한 주제뿐만 아니라 돈·경쟁·질투·사랑·옷·치장·유행 등과 같은 문제를 다루었다. 당시의 사회학은 짐멜 사회학이 보이는 이런 특징을 심리학적·비합리적·비체계적·단편적·비전문적인 것에 지나지 않는다고 혹평하였다(Vgl., H. J. Dahme/O. Rammstedt, "Einleitung," in: Dies.(hrsg.), *Georg Simmel. Schriften zur Soziologie*,

을 보인 게오르크 짐멜 Georg Simmel은 대도시에서의 변화된 생활 방식을 그의 유명한 에세이 「대도시와 정신 생활 Die Großstädte und das Geistesleben」에서 다음과 같이 분석하고 있다: "전형적인 대도시 생활자의 관계들 및 용무들은 너무나 다양하고 복잡하게 된 것이 예사가 되었다. 특히, 수없이 많은 인간들이 각기 상이한 이해 관계를 가진 채 서로 겹치고 겹침으로써 그들의 관계와 활동은 수많은 가지를 가진 기관 *Organismus*으로 맞물려 들어간다. 이렇게 되어 약속이나 성취에 있어서 지켜져야 될 가장 엄밀한 정확성은 대도시의 생활 전체를 수습하기 힘든 무질서에서 붕괴시키게 될 결과를 초래할 수도 있을 것이다."[30] 짐멜이 무질서에 의한 붕괴의 가능성을 진단한, 대도시 생활자들의 이러한 삶의 조건들은 산업화의 결과라고 볼 수 있다. 이것을 달리 표현하면, 변화된 사회 구조 및 생활 구조의 형성은 산업화와 직결되어 있다. 산업화된 생활 세계는 이처럼 변화된 사회 및 생활 구조에 공통으로 내재하는 인자이며, 변화를 주도하는 결정적 요소인 것이다.

사회학적 시각에서 그 핵심만을 언급한, 사회 구조와 생활 구조의 변화는 문학사적으로도 특별한 의미를 지닌다. 이런 변화는 외부 세계 및 인간에 대한 문학적 주체[31]의 의식에 결정적 영향을 미치기 때문이며, 문학 작품의 생산에는 바로 문학적 주체가 그 근원으로 놓여 있기 때문이다.

Ⅲ. 대도시에서 시적 지각 주체의 변화

대도시는 외부 세계를 지각하는 인간의 주체에 영향을 미친

---

1. Aufl., Frankfurt/M, 1983, S. 7~8).

30) G. Simmel, "Brücke und Tür," *Essays des Philosophischen, Zur Geschichte, Religion, Kunst und Gesellschaft*, Hrsg. von M. Landmann, Stuttgart, 1957, S. 231.

31) 대상에 대한 인식 주체로서의 시인이나 작가의 주체를 의미한다.

50

다. 대도시에서의 변화된 지각 조건에 대한 짐멜의 사회학적 분석은 이를 잘 설명해준다: "인간은 상이한 현상에 대해 상이하게 반응하는 존재이다. 인간의 의식은 순간적인 인상의 상이함에 의하여——앞서서 지나간 인상은 밀쳐버린 채——자극받는 것이다. 지속적으로 굳어져 있는 인상들, 굳은 인상들이 보이는 차이점의 사소함, 이것들의 자연스런 흐름과 대립들에서 나타나는 통상적인 규칙성은, 이것들을 지각하는 의식의 소모라는 면에서 보면 많은 의식을 요구하지는 않는다. 그러나 수시로 변화하는 형상들이 급작스럽게 밀려들어오는 것, 우리가 한눈에 포착하는 것내에 존재하는 급격한 간격, 선명하게 각인되어 인간의 내면에 파고들어오는 인상을 지각하는 것은 훨씬 많은 의식의 소모를 필요로 한다. 대도시는 바로 이러한 심리학적 조건들을 창출하면서——도로 위에서 움직이는 모든 발걸음, 속도, 그리고 경제적이며 직업에 따른 사회적 생활의 다양함과 더불어——소도시라든가 농촌 생활과는 전혀 다른 대립적 현상을 야기시킨다. 대도시는 이런 대립적 현상을 이미 내적 생활의 감각적 기초에서, 상이한 현상에 대해 상이하게 반응하는 인간의 본성이 유도하는 의식의 조직화가 인간에게 요구하는 의식의 질량 *Bewußtseinsquantum* 에서 유발시키는 것이다. 이에 반해 소도시나 농촌 생활에서는 심리학적 조건들의 감각적-정신적인 생활상이 훨씬 느리고, 익숙하며, 항상 비슷하게 흐르는 리듬에 맞춰져 있다."[32] 우리는, 짐멜의 분석에 힘입어 현대 인간의 의식 구조가 대도시의 경험과 함께 변화되었다는 테제가 사회학적으로 통용될 수 있음을 확인할 수 있겠다.

짐멜이 사회학적 차원에서 주장한 지각 조건의 변화는 초기 독일 표현주의 시에서 명백하게 확인될 수 있으며, 우리가 이 논문에서 집중적으로 다루려고 하는 하임의 서정시도 바로 초

---

32) *Ebd.*, S. 228.

기 표현주의에 속한다. 야콥 반 호디스의 「세계의 종말 Weltende」과 더불어 초기 표현주의 시의 본격적 전개를 알린 알프레트 리히텐슈타인Alfred Lichtenstein의 「황혼 Die Däm-merung」에서 우리는 시인의 변화된 지각 구조를 쉽게 인식할 수 있다.[33]

뚱뚱한 소년이 연못과 함께 놀고 있다.
바람은 나무에 자신을 붙들어놓는다.
하늘은 생기를 잃은 듯이 보이고 창백하다,
마치 하늘에서 화장품 같은 분(粉)이 사라져버린 듯이.

들에서는 두 불구자가 기어간다.
긴 목발에 비스듬히 기댄 채, 수다를 떨면서.
금발머리의 시인은 아마 미친 것 같다.
작은 말이 숙녀의 위로 덮친다.

어느 창문에서는 살찐 남자가 붙어 있다.
어떤 총각이 유혹에 약한 여자를 방문하려고 한다.
늙은 어릿광대가 장화를 신는다.
유모차가 소리치며 개들이 욕설을 퍼붓는다.

Ein dicker Junge spielt mit einem Teich.
Der Wind hat sich in einem Baum gefangen.
Der Himmel sieht verbummelt aus und bleich,
Als wäre ihm die Schminke ausgegangen.

Auf lange Krücken schief herabgebückt

---

33) 이 시에 보이는 지각 구조의 변화에 대한 자세한 분석은 이미 「산업 문명의 위기와 시적 상상력」에서 시도하였으므로 이곳에서는 리히텐슈타인의 시를 예로 들기로 한다.

Und schwatzend kriechen auf dem Felde zwei Lahme.
Ein blonder Dichter wird vielleicht verrückt.
Ein Pferdchen stolpert über eine Dame.

An einem Fenster klebt ein fetter Mann.
Ein Jüngling will ein weiches Weib besuchen.
Ein grauer Clown zieht sich die Stiefel an.
Ein Kinderwagen schreit und Hunde fluchen.[34]

시의 외적 형식에서는 아무런 새로움이 발견되지 않는다. 두운과 각운이 세 연에 걸쳐 철저하게 지켜지고 있다. 독자는 제1련에서 이미 "뚱뚱한 소년"이라는, 조금은 정상을 벗어난 듯한 감각을 주는 형상에서 무언가 이상한 일이 발생했다는 느낌을 받는다. 바람과 하늘에 대한 메타포에서 독자는 생기를 잃은 외부 세계의 모습을 감지할 수 있다.

　제1련에서 이미 이상한 일이 일어난 것을 느낄 수 있는 독자는 제2련과 3련에서는 사람의 모습을 과격하게 변형시키고 있는 여러 형상들을 만난다. "두 명의 불구자들" "미쳐버린 금발머리 시인" "창문에 붙어 있는 살찐 남자" "늙은 어릿광대"와 같은 형상들은 상호간에 완전하게 괴리되어 있다. 그러나 이것들은 정상을 벗어난 인간의 모습을 표현하고 있는 점에서 수렴된다. "숙녀를 덮치는 작은 말" "총각의 행동" "소리치는 유모차" "욕설을 퍼붓는 개들"과 같은 형상들도 상호간에 서로 관련을 맺지 않은 채 독립되어 있으면서도 세계의 질서에 이상이 생겼다는 점을 표현하는 데서 함께 만나고 있다. 이것은 외부 세계가 붕괴되었음을 표현하고 있으며, 외부 세계의 변화에 당혹감을 갖는 주체도 이미 붕괴되었음을 독자는 '불구자' '미

---

34) A. Lichtenstein, "Die Dämmerung," in: K. Pinthus(hrsg.), *Menschheitsdämmerung. Ein Dokument des Expressionismus*, Hamburg, 1983, S. 47.

친 시인' '창에 붙어 있는 살찐 남자' '늙은 광대'의 모습에서
확인할 수 있다. 이미 붕괴를 보이는 객체는 주체에 낯선 현상
으로 다가오며, 따라서 시인의 주체는 자신에 의해 지각이 매개
되는 객체를 더 이상 똑바로 포착할 수 없다. 객체의 붕괴와 더
불어 주체도 동시에 붕괴되는 것이다. 개별 형상들이 서로 관련
을 맺지 않은 채 표현되어 있으며, 외부 세계를 보는 시인의 지
각 주체가 외부 세계에서 일어나는 일과는 아무 관계가 없다는
듯이, 즉 외부 세계에 대해 무관심한 거리를 취하고 있는 모습
은 객체의 전도(顚倒)와 더불어 주체가 분열되었음을 보여주는
것이다. 이것은 주체가 객체를 인식한다는 전통적 주체-객체
관계의 붕괴이다. 변화되는 형상들이 급격하게 뒤따르는 것에서
서로 괴리된 것들이 동시성을 형성하는 것"35)은 표현주의 이전
의 시에서 전통적으로 유지되어오던 특징, 즉 시에서 나타난 형
상들이 상호간에 밀접한 관계를 맺으면서 주제에서 수렴되던
특징이 무너졌음을 의미한다. 이는, 대도시 생활자들의 지각이
순간적으로 변화하면서 다가오는 인상에 순간적으로 반응한다
는 짐멜의 인식과 일맥 상통하는 것으로 대도시에서의 시적 인
식 주체의 구조가 바뀌었음을 뜻한다. 대도시에서 급격하게 변
화되는 외부 세계에 의한 시인의 지각 주체의 구조적 변화는 그
러나 외부 세계에 대한 보다 치열한 인식 가능성을 갖는다:
"직접적으로 느끼는 감각적 인상들을 재현하는 기법의 도움을
빌려 시도하는, 판에 박인 듯한 논리적 판단의 포기는 리히텐슈
타인에게 특이한 형상들로 도달된다. 이러한 형상들은 겉으로만
이해되어서 나타나는, 맹목적인 감정 이입보다 병들고 비인간적
인 세계의 상태에 대해서 훨씬 많은 것을 말해준다."36)

---

35) S. Vietta/H. G. Kemper, *Expressionismus*, a. a. O., S. 33.
36) O. F. Best, "Alfred Lichtenstein," in: Ders.(hrsg.), *Expressionismus und Dadaismus*, a. a. O., S. 76.

　　반 호디스와 리히텐슈타인에서 명백하게 확인되는, 초기 표현
주의 시에서 보이는 이러한 특징은 하임에게서도 예외가 아니
다. 하임은 인간에게 위협적으로 다가오는 산업화된 외부 세계
에 대한 시적 지각 및 인식의 새로운 지평을 열어놓았는바, 그
는 이를 전통적인 신화들의 구조를 변환시킴으로써 *Umfunktio-
nierung* 시도하였다.[37]

Ⅳ. 독일 표현주의 문학의 중심 모티프로서의 대도시와
현실의 미메시스로서의 표현주의 문학

　　독일 표현주의 문학이 대도시 문학이라는 점은 독일 문예학
에서 이미 많이 언급된, 일반적으로 인정되는 테제이다. 새로운
경험 공간으로서의 대도시는 독일 표현주의 문학의 모든 쟝르
에서 중심 주제를 형성한다. 이는 대부분의 표현주의 시인이나
작가들이 베를린이니 뮌헨과 같은 대도시에서 활동했다는 사실
과 대도시의 상징인 베를린이 많은 작품들의 제목으로 등장되
고 있는 것만 보아도 쉽게 알 수 있다. 대도시는 독일 표현주의
문학이 탄생한 배경을 이루는 것이다. 대도시에서는 많은 새로
운 문제들이 출현한다; 예를 들어 개별 인간이 다른 인간들에
대해 취하는 심리적인 태도의 변화, 인간에 대한 기계의 지배
및 이로 인한 인간 상호간의 소외와 인간과 기계 사이의 소외,
노동 관계에서 발생하는 갈등, 인간의 의식이 외부 세계의 급속
한 변화에 적응하지 못하는 데서 오는 어려움 등의 문제가 생긴
다. 이런 모든 문제점들은 물론 대도시에서 전개되는 기술 문명
과 불가분의 관계에 있다.[38] 단적으로 말해서, 대도시는 현대적
현실의 정점을 보여주는 현장이다. 독일 표현주의는 바로 이런

---

37) 이는 이 논문의 주된 주제이며, 추후 상론될 것임.
38) 이에 대해서는 이 책에 있는 논문 「독일 표현주의 시와 기술 문명 비판」을 참
　　조할 것.

현실을 문학적으로 표현한 것이다. 이에 대해 실비오 비에타가 설득력 있게 정리하고 있다: "현대 문명의 가장 선명한 출현 형태로서의 대도시는 외부 세계에 대한 주체의 관계 속으로 더욱 많이, 그리고 지속적으로 파고들어간다. 이것은 자연주의 문학이 도시에서의 빈궁함을 그림으로써 외부 세계에 대한 주체의 관계를 예견했던 것과는 커다란 차이가 난다. 대도시 자체가 이미 자연에 대한 인간의 관계가 근본적으로 변화되었음을 보여주는 산물이자, 총체적으로 변화된 실제의 산물인 것이다."[39]

'현대'는 '새로운 것'에 관련이 있음을 우리는 앞서서 언급한 바 있다. 이러한 '현대'는 독일 표현주의 문학에서 전개되는바, 이것은 문학적으로 표현된 세계가 어떤 새로움을 매개한다는 것과 인간상(像)을 파악하는 데 있어서 인간이 자신을 갱신하여 어떤 새로운 인간을 표상한다는 점에서 드러난다.[40] 인간의 자기 갱신이라는 이런 요소가 있음에도 불구하고, 표현주의적 문학 세계의 새로움은 그러나 무엇보다도 산업화의 결과로 나타난 외부 세계, 즉 현대 문명의 본격적 전개를 보여주는 대도시 공간의 새로움에서 유래한다. 이 같은 새로움에 근거를 두는 표현주의 문학은 따라서 현대성의 문학이라고 특징지어질 수 있으며, 더 나아가 현대적 현실의 미메시스라고 명명될 수 있는 것이다. 지금까지의 논의를 기초로 해서 우리는 이제 하임의 대도시 시를 현대적 현실의 미메시스로 해석하는 단계에 접어들 수 있게 되었다.

---

39) S. Vietta/H. G. Kemper, *Expressionismus*, a. a. O., S. 37.

40) 부정적인 현실을 극복하고 '새로운' 현실을 추구하는 것, 그리고 인간은 '새로운' 인간으로 다시 태어나야 된다는 것은 표현주의 문학이 표방한 중심 이념이었다. 이 문제는 이 논문에서 전혀 논의하지 않는다.

4. 하임의 대도시 시에 나타난
현대적 현실 및 현실 비판

I. 하임과 대도시

해석의 출발점은 일단은 하임과 대도시의 관계를 형식적으로 보여주는 관점에 대한 논의로부터 시작될 수 있으며, 이는 세 가지 측면에서 설명될 수 있다. 첫번째로, 하임과 대도시의 관계는 그의 전기에서 드러난다 : 하임이 베를린에서 공부한 것은 그에게 새로운 현실, 즉 대도시를 경험하게 하였다. 하임이 1910년 4, 5월경 베를린의 문학 모임인 '새로운 클럽'의 회원이 된 것[41]은 두 가지 면에서 그에게 영향을 미쳤다. 우선 이 클럽은 그의 문학적 작업에 직접적인 영향을 끼쳤다. 이 클럽의 분위기에 대해 헤르만 코르테 Hermann Korte는 다음과 같이 쓰고 있다 : "모임에 참가한 사람들은 모든 활동을 전통적인 문화 행태에 대한 비판에 두었으며, 새로운, 아방가르드적인 예술과 문학을 요구하는 것을 지향하였다."[42] 우리가 나중에 분석하게 될, 하임의 대도시에 나타나는 문명 비판적인 모멘트들은 '새로운 클럽'의 그러한 분위기와도 관련이 있다고 볼 수 있을 것이다. 다른 한편으로 하임은 '새로운 클럽'을 중심으로 형성된 모임에서 그의 작품들을 낭독함[43]으로써 시인이 되는 이득을 보았다는 점이다. 이렇게 해서 그는 문단에 들어설 수 있었던 것이다.

하임과 대도시와의 관계는, 두번째로, 그의 전체 서정시내에서 도시를 주제로 삼는 것이 대단히 중요한 부분을 형성하고[44]

---

41) Vgl., Hermann Korte, *Georg Heym*, Stuttgart, 1982, S. 23.

42) *Ebd.*, S. 24.

43) Vgl., *Ebd.*, S. 26.

44) 이는 칼 루드비히 슈나이더 Karl Ludwig Schneider가 편집한 하임의 시전집을 보면 곧장 확인된다.

있다는 사실에서 확인될 수 있다. 하임은 대략 1910년경부터 베를린을 소재로 삼은 시들을 쓰기 시작했으며, 이후 도시는 그의 서정시에서 다루어진 중요한 주제들 중의 하나로 자리잡게 되었다. 도시는 하임에 있어서 '인간'과 '자연'에 이어 세번째로 많은 모티프를 형성한다는 로날트 살터 Ronald Salter의 견해는 도시의 모티프가 하임의 서정시에서 차지하는 비중을 지적하고 있다.[45]

　세번째로는, 대도시에 대한 하임의 문학적 관심은 프랑스 시인 보들레르와 랭보가 하임의 시세계에 결정적 영향[46]을 미쳤다는 사실에 의하여 설명될 수 있다. 특히 보들레르는 세계 문학사에서 대도시를 본격적으로 서정시의 주제로 삼은 첫번째 시인으로 통용될 수 있으며, 그의 시는 대도시 '파리'에서 보이는 현대 문명 세계를 당시에는 독보적이었던 표현 수단들을 사용하여 표현하였다. 보들레르적인 문체와 표현 양식은 랭보에게서 계속적으로 이어지며, 더욱 과격한 경향을 띠게 된다. 보들레르와 랭보가 하임에게 수용되었다는 사실은 문학적 표현 수단들(예컨대 추함, 메타포가 잔인해지는 것 *Brutalisierung der*

---

45) Vgl., R. Salter, *Georg Heyms Lyrik. Ein Vergleich von Wortkunst und Bildkunst*, München, 1972, S. 34.

46) 이 문제에 대한 자세한 분석은 안톤 레겐베르크 Anton Regenberg가 이미 1961년에 그의 논문 「하임의 문학: 보들레르와 랭보의 서정시와의 관계. 프랑스와 독일 문학에 있어서 현실 경험의 새로운 양식들 *Die Dichtung Georg Heyms und ihr Verhältnis zur Lyrik Charles Baudelaire und Arthur Rimbauds. Neue Arten der Wirklichkeitserfahrung in der französischen und deutschen Literatur*」에서 실행하였다. 크리스토프 아이크만 Christoph Eykman도 역시 원래 보들레르에서 유래하는 것인 '추함 *Häßlichkeit*'의 카테고리가 갖는 전통을 분석하려고 시도하였으며, 바로 이런 맥락에서 하임의 서정시를 해석하려고 하였다(Vgl., C. Eykman, *Die Funktion des Häßlichen in der Lyrik Georg Heyms, Georg Trakls und Gottfried Benns. Zur Krise der Wirklichkeitserfahrung im Expressionismus*, 2. erw. Aufl., Bonn, 1969). 보들레르가 하임에 미친 영향은 또한 그의 일기에서도 알아차릴 수 있다(Siehe Tagebücher. Hrsg. von K. L. Schneider, Bd. 3, Hamburg/München, 1964, S. 149).

Metaphet)과 문학적 주제(예컨대 문명 비판)라는 관점에서 볼 때 주목할 만한 가치가 충분히 있다. 코르테의 견해는 이런 의미에서 설득력을 갖는다 : "보들레르와 랭보, 그들은 하임에게 문학적으로 은연중에 무엇을 암시한 것이라는 지평에서 볼 때, 하임에게는 두 가지의 모멘트를 부여한다. 이것들은 확고한 연관 관계들인바, 거기에서 도전적인 과격성, 즉 내려오는 전통들과의 이반, 그리고 새롭게 변화되었으며 혁명적으로 느끼는 현실 경험이 문학적으로 정의되는 것이다."47) 이미 우리가 언급하였듯이, 이처럼 새롭고 변화된 경험들은 대도시라는 공간을 고려하지 않고는 생각되어질 수 없다. 하임과 대도시와의 불가분의 관계는 그에게는 대도시에서의 '현대'의 경험에 다름이 아니다.

Ⅱ. 하임의 대도시 시의 외적 형식 : 형식도 또한 현대적인가?

시에 있어서 형식을 어떻게 볼 것인가 하는 문제를 우리는 일단 서정시의 외적 형식에 관한 문제로 인식하고자 한다. 그러나 더욱 확장된 의미에서는 개별 언어적 형상들의 구성 원리에 관한 논의, 시인이 상징과 메타포 등을 어떠한 틀에 따라 사용하고 구성하였느냐 하는, 즉 언어적 사용의 종류와 방식에 관한 논의도 시에 있어서 형식에 관한 문제에 포함될 수 있을 것이다. 이러한 문제들은 그러나 시의 내용과의 연관 관계에서 분석되어야 될 것이다. 시의 형식에 대한 관점이 위에서 언급한 것처럼 확장되어서 논의될 수 있음에도 불구하고 우리는 여기에서는 각운과 율격의 분석에 제한하기로 한다.

시적 형식을 과격하게 변화시키는 요소들이 하임의 모든 시들에서 거의 사용되지 않았다는 것은 이미 쉽게 받아들일 수 있는 사실이다. 엄격한 연의 형식을 철저하게 준수하는 것은 하임

---

47) H. Korte, *Georg Heym*, a. a. O., S. 41.

의 시에서 어렵지 않게 인식된다. 독일의 서정시는 이미 자연주의 문학 시대에 아르노 홀츠 Arno Holz 에게서 서정시적 형식을 혁명적으로 변화시키는 시도를 경험한다. 1898년에 출간된 그의 시집 『판타수스 Phantasus』는 세기 변환기에 시도된, 서정시적 형식에 대한 실험으로서 간주된다.

어느 정원에서
어두운 나무들 밑에서
우리는 봄의 밤이 오기를 기다리고 있다.

아직도 별은 반짝이지 않는다.

어느 창문으로부터
부풀어오르듯
바이올린의 음향이 울리고……

금빛 비가 번쩍이고,
라일락 향기 그윽하고,
우리들의 가슴에서 달이 떠오른다!

In einem Garten
Unter dunklen Bäumen
erwarten wir die Frühlingsnacht.

Noch glänzt kein Stern.

Aus einem Fenster,
schwellend,
die Töne einer Geige……

Der Goldregen blinkt,

der Flieder duftet,

in unsern Herzen geht der Mond auf![48]

이 시에서는 전통적인 운율과 율격이 엄격하게 지켜지고 있지 않음을 독자는 쉽게 알 수 있다. 각 연들은 대부분의 서정시와는 전혀 다르게 축조되어 있으며, 전통적으로 지켜져오던 서정시의 형식과 더 이상 일치하지 않는다. 하임에 앞서서 아르노 홀츠가 이처럼 전통적 형식을 파괴하려는 시도를 행하였음에도 불구하고, 하임은 서정시의 형식을 급진적으로 변화시키려는 그 어떤 의도도 없었다. 하임의 모든 시들에서는 엄격한 운율을 가진, 3행이나 4행으로 된 연의 형식들이 나타난다. 따라서 하임의 서정시는 "전통적 형식으로의 복귀"[49]라는 표현이 해당될 정도이다.

> 높은, 도로의 가장자리, 거기에 우리는 누워 있었고,
> 그곳은 먼지에 가득차 하얗고, 우리는 구석지에서 보았다
> 수를 셀 수도 없는: 사람들의 물결과 군중들,
> 세계적 도시가 멀리, 밤에 우뚝 솟아 있는 것을 보았다.

> Der hohe Straßenrand, auf dem wir lagen, (n)
> War weiß von Staub, wir sahen in der Enge (e)
> Unzählig: Menschenströme und Gedränge (e)
> Und sahn die Weltstadt fern im Abend ragen. (n)
>
> ——「Berlin I」, S. 57.[50]

---

48) Arno Holz, "Phantasus," Hrsg. von G. Schulz, *Bibliographisch ergänzte Ausgabe*, Stuttgart, 1984, S. 14.

49) Clemens Heselhaus, *Deutsche Lyrik der Moderne. Von Nietzsche bis Ivan Goll*, Düsseldorf, 1961, S. 177.

50) 우리는 칼 루드비히 슈나이더가 편찬한 하임의 전집 중 제1권인 서정시

산업 문명과 현대적 현실 61

꽃이 그려진 옷을 걸친, 어떤 어머니가
긴 의자에 앉아 있다, 여러 해에 걸친 창백함을 보이면서.
그 위로 음악이 춤과 함께 무늬를 이루면서 울린다.

푸른색으로 채색된 밤에 구름은 멀리 물러나 있고,
대양에서 고독하게 잠을 자는,
붉은 지느러미를 가진 돌고래들처럼.

Auf einer Bank sitzt, von den Jahren bleich, (ch)
Ein Mütterchen in dem beblümten Kleid. (d)
Herüber schallt der Tanzmusik Gestreich. (ch)

Im blauen Abend steht Gewölke weit, (t)
Delphinen mit dem rosa Flossen gleich, (ch)
Die schlafen auf der Meere Einsamkeit. (t)

——「Berlin Ⅶ」, S. 108.

집들이 늘어선 블록 위에 도시의 신이 넓게 앉아 있다.
바람은 그의 이마 주위로 검게 포진하고 있다.
도시의 신은 분노에 가득차 쳐다보고,
먼 곳에서 고적하게
도시의 맨 뒤에 위치한 집들은
시골까지 뻗어 있다.

Auf einem Häuserblocke sitzt er breit. (t)
Die Winde lagern schwarz um seine Stirn. (n)
Er schaut voll Wut, wo fern in Einsamkeit (t)
Die letzten Häuser in das Land verirrn. (n)

——「Der Gott der Stadt」, S. 192.

(Hamburg/München, 1964)에 따라 인용하기로 한다. 이어지는 인용에서는
해당 쪽수만을 제시할 것이다.

4행으로 이루어진 연들뿐만 아니라 3행으로 된 연들에서도 운율이 철저하게 지켜지고 있다. 첫번째 예에서는 포옹 각운 *umarmender Reim*이 사용되고 있으며, 이것은 하임의 다른 많은 시들에서도 발견된다. 두번째 예는 하임이 3행으로 된 연들에서도 운율의 규칙을 엄격하게 준수하고 있음을 보여주고 있다. 세번째 예는 하임이 십자 각운 *Kreuzreim*을 사용하고 있음을 확인시켜준다. 운율의 사용으로부터 벗어나 있는 것은 하임의 어떤 시에서도 발견되기 힘들다.

하임은 전통적으로 내려오는 서정시적 운율을 이처럼 엄밀하게 지키고 있으며, 이것은 율격에도 해당된다. 세번째 예가 명·백하게 보여주듯이, 하임은 여기에서 강음과 약음이 교대로 출현하는 억양격을 구사하고 있는 것이다.

현대 문학에 이르러, 그리고 독일의 경우 표현주의 문학에서는 많은 서정 시인들이 전통적인 형식의 파괴를 시도한 것이 매우 특징적으로 나타난다. 이것은 서정시에서 현대를 말할 때 등장하는, 중요한 표징 중의 하나이다. 하임의 대도시 시는 우리가 앞에서 '새로움'이라는 범주 아래 이미 거론한 바 있었던 현대의 특징들에 여러 관점에서 포괄될 수 있는 서정시이지만, 그의 대도시 시의 형식적 측면들은——현대와 연관하여——서정적 형식의 새로운 전개를 위한 동기를 전혀 보여주지 않는다.

Ⅲ. 대도시적 현실에 대한 언어적 메타포

하임의 대도시 시에서의 언어적 메타포는 산업화된 풍경 *Industrielandschaft*을 보여주는 형상들과 밀접한 연관 관계에 놓여 있다. 하임의 대도시 시를 자세히 들여다보면, 산업화된 풍경을 표현하는 데 있어서 시적 주체가 설정하는 입장의 변전을 인식할 수 있으며, 이런 변화는 메타포에서 용이하게 관찰된다. 「베를린 Ⅰ」이나 「베를린 Ⅱ」와 같은 초기 단

계[51]의 시들에서는 산업화된 풍경이 그런 풍경을 있는 그대로
묘사하는 방식으로 시적 형상화에 이르고 있다.

사람을 가득 태운 유람용 마차가 군중 사이를 뚫고 지나갔다,
종이로 된 기들이 마차에서 나부끼고 있었다.
버스들, 움직이는 덮개를 완전히 덮은 채, 그리고 수레들.
자동차들, 연기, 경적 소리들.

Die vollen Kremer fuhren durch die Menge,
Papiere Fähnchen waren drangeschlagen.
Die Omnibusse, voll Verdeck und Wagen.
Automobile, Rauch und Hupenklänge.
　　　　　　　　　　　　——「Berlin I」, S. 57.

악대를 실은 두 대의 기선이 왔다.
다리의 아치에 이르자 굴뚝에서 내뿜는
연기가 잘려나갔다.
제혁 공장들에서는 갈색 모피들이 더러운 파도처럼 출렁이고,
그 위에 연기, 그을음, 악취가 있었다.

Zwei Dampfer kamen mit Musikkapellen.
Den Schornstein kappten sie am Brückenbogen.
Rauch, Ruß, Gestank lag auf den schmutzigen Wogen

---

51) 우리는 하임의 대도시 시를 초기 단계와 후기 단계로 구분해서 고찰한다. 이
　　는 이 논문이 설정한 인식 관심과 문제 제기를 단계적으로 해결하고, 이 논문
　　이 의도하는 목표를 명쾌하게 실현시키기 위함이다. 단계를 구분하는 데 있어
　　서 첫번째 기준은 대도시적 현실이라는 객체에 대한 시적 주체의 입장이 부정
　　적이냐 또는 그렇지 않느냐 하는 데 두어진다. 두번째 기준은 하임의 서정시
　　에서 특징적으로 나타나는 표현 수단들 및 기법들에 근거한다. 글쓴이는 이러
　　한 수단들과 기법들이 하임의 대도시 시가 보여주는 의미 형성 *Versinnbild-*
　　*lichung*에 있어서 결정적 역할을 수행한다고 보기 때문이다. 수단과 기법에
　　관한 글쓴이의 이해는 나중에 언급할 것임.

Der Gerberein mit den braunen Fellen.

——「Berlin Ⅱ」, S. 58.

위에서 보여준 예들은 대도시에서의 산업화된 현실을 형상화시키고 있다. 독자로 하여금 즉각 산업화된 풍경을 지각하도록 하는, 언어적 표현력의 세밀함은 하임의 대도시 시와 산업화된 현실과의 상관 관계를 보다 명백하게 해주는 힘으로 작용하고 있다. 대도시적 현실에 대한 시적 주체의 입장이 부정적이라는 점이 "갈색 모피들이 더러운 파도처럼 출렁이고, 그 위에 연기, 그을음, 악취가 있었다"라는 메타포에서 이미 암시되고 있는 듯이 보인다. 그러나 외부 세계를 지각하는 시적 주체의 부정성을 이 단계에서 명백하게 인식하는 것은 용이한 일이 아니다. 대략 1910년 9월 이후부터 쓴 것으로 보이는 「시 외곽지 Die Vorstadt」에서는 시적 주체가 산업화된 현실의 부정적 본질로 파고들어가고 있음이 명백해진다. 이 단계 이후를 우리는 후기 단계로 보기로 한 바 있다.

> 지하실에서 물고기 냄새가 나고,
> 거지들이 물고기 뼈를 악의에 찬 눈으로 응시한다.
> 거지들은 물고기 내장을 어떤 맹인에게 먹인다.
> 맹인은 윗옷을 찢어 만든, 검은 수건에 내장을 토한다.

> Aus einem Keller kommt ein Fischgeruch,
> Wo Bettler starren auf die Gräten böse.
> Sie füttern einen Blinden mit Gekröse.
> Er speit es auf das schwarze Hemdtuch.

——「Die Vorstadt」, S. 133.

> 한 발을 어느 광장에 내려놓고,

다른 한 발은, 무릎을 굽힌 채,
어떤 탑 위에 올려놓고,
도시의 귀신들은
탑처럼 보이는 구름 안으로
판스파이펜[52]들을 몰고 오면서
세차게 솟아오른다.
거기에는 비가 검게 내리고,

Den einen Fuß auf einen Platz gestellt,
Den anderen gekniet auf einen Turm,
Ragen sie auf, wo schwarz der Regen fällt,
Panspfeifen blasend in den Wolkensturm.
　　　　　　——「Die Dämonen der Städte」, S. 186.

"지하실" "거지" "맹인"과 같은 부정적 인상을 매개하는 형상들이 도시의 팽창 과정에서 빈민층들이 모여 사는 곳으로 자리잡은 현장인 시 외곽지라는 형상과 결합되는 것은 대도시적 현실에 대한 미메시스로 볼 수 있다. 시적 주체성은 "맹인은 윗옷을 찢어 만든, 검은 수건에 내장을 토한다"는 메타포를 통하여 외부 세계에 대한 자신의 입장을 명백하게 표출한다. 외부 세계를 지각하는 시적 주체성은 부정적이며 비판적이다. "광장"과 "탑"과 같은 형상들과 "거기에는 비가 검게 내리고"의 형상은 서로 연상 작용을 일으키며, 이렇게 해서 독자에게 세계에 대한 부정적 인상을 심어준다. 이런 인상을 받는 독자는 문명에 의하여 형성된 공간에 세계 종말이 다가오고 있다는 느낌을 가질 수 있는 것이다.

　대도시적 현실에 대한 하임의 표현들에서 우리는 그의 대도시 시에서 보이는 언어적 메타포의 중요한 표징을 도출해낼 수

---

52) 목축 및 춤의 신.

있다. 이것은 다름아닌 군중 *Masse*과 팽창 *Expansion* 의 메타
포이다. 이 메타포는, 글쓴이가 보기에, 하임의 대도시에 놓여
있는 근본 원리의 하나인 것 같다.

> 수를 셀 수도 없는: 사람들의 물결과 군중들,
> 세계적 도시가 멀리, 밤에 우뚝 솟아 있는 것을 보았다.

> Unzählig: Menschenströme und Gedränge,
> Und sahn die Weltstadt fern im Abend ragen.
>
> ——「Berlin Ⅰ」, S. 57.

> 기차가 도착하였다. 우리는 역 안으로 돌진했다.
> 역 안은 세계적 도시의 밤이 벌이는
> 광란으로 가득찼다, 소음, 사람으로 부풀어진 채.

> Der Zug fuhr an. Wir brausten in die Halle
> des Bahnhofs ein, die voll war von dem Toben
> Des Weltstadtabendes, Lärm und Menschenschwelle.
>
> ——Berlin Ⅲ, S. 68.

> 커다란 쥐들이 검게 떼를 짓듯이,
> 우산들이 역 입구에 서 있었다.

> Wie eine schwarze Schar von großen Ratten,
> So stehn die Schirme vor des Bahnhofs Mund.
>
> ——「Berlin Ⅴ」, S. 94.

> 기차의 문이 열린다. 브레이크 압력에
> 철로의 두 궤도가 소리친다.
> 인간들의 군상이 서로를 떠민다.

석회처럼 하얗게, 찰흙처럼 누렇게.
인간들은 스무 명씩, 떠밀리듯이
마차들에 올라탄다.

Die Türen gehen auf. Die Gleise schrein
Vom Bremsendruck. Die Menschenmassen drängen
Noch weiß vom Kalk und gelb vom Lehm. Sie zwängen
Zu zwanzig in die Wagen herein.
——「Berlin Ⅵ」, S. 102.

베를린-시들에서 보여지는 인간의 군상에 대한 메타포는,
——하임에서 특징적으로 나타나는 신화화·의인법·과장법 등
의 표현 수단 및 기법이 본격적으로 구사되지 않은 채[53]——,
대도시에서의 객관적 현실에 상응하는 형상들을 표현하는 것이
라고 특징지어질 수 있다. 왜냐하면 이러한 인간의 군상들은 산
업의 중심지, 즉 대도시로 인구가 밀집되는 것을 나타내는 것이
기 때문이다.

　하임은 이처럼 산업 세계와 결합된, 대규모로 움직이는 인간
상들을 표현하는 메타포를 구사함으로써 동시에 대도시의 팽창
을 시적으로 형상화시킨다. "역"이나 "기차"와 같은 형상들은
인간들의 대규모적인 이동과 대도시적 세계의 팽창 에너지를
상징한다. 두번째 예는 독자에게 어떤 전체적인 상을 보여주는
바, 이 상에서 대도시적 현실이 군중과 팽창의 메타포에 힘입어
그림처럼 표현되고 있다.

　「도시의 귀신들」이나 「도시의 신」과 같은 시들이 대표하는,

---

53) 이런 표현 수단 및 기법들은 하임의 대도시 시가 문학사적으로 중요한 위치를
　　차지하게 하는 데 결정적으로 기여한다. 이것들은 하임의 대도시 시를 베를
　　린-시들처럼 거의 경험적으로 확인할 수 있는 대도시적 현상에 대한 충실한
　　묘사의 수준을 넘어서서 보다 차원 높은 문학적 형상화에 이르게 하기 때문이
　　다. 이에 대해서는 추후 상론할 것임.

하임의 대도시 시의 후기 단계에서도 군중과 팽창의 원리는 하
임에게 특이한 표현 수단 및 기법과 결합되면서 더욱 심화된다.

　　도시의 귀신들이 드리우는, 긴 그림자는
　　바다와 같은 모습을 보이는 집들에서 흔들거리고,
　　길가에 늘어선 불빛의 행렬을 지워버린다.

　　Ihr langer Schatten schwankt im Häusermeer
　　Und löscht der Straßen Lichterreihen aus.
　　　　　　—「Die Dämonen der Städte」, S. 186.

　　도시의 신은 분노에 가득차 쳐다보고,
　　먼 곳에서 고적하게
　　도시의 맨 뒤에 위치한 집들은
　　시골까지 뻗어 있다.

　　엄청나게 많은 교회의 종들이
　　바다와 같은 검은 탑들로부터
　　도시의 신에게 파도치듯이 다가온다.

　　수백만 명이 부르는 노래는
　　마치 광란의 신들이 추는 무도처럼
　　거리에 시끄럽게 울려퍼진다.

　　Er schaut voll Wut, wo fern in Einsamkeit
　　Die letzten Häuser in das Land verirrt.

　　Der Kirchenglocken ungeheure Zahl
　　Wogt auf zu ihm aus schwarzen Türme Meer.

　　Wie Korybanten—Tanz dröhnt die Musik

Der Millionen durch die Straßen laut.

——「Der Gott der Stadt」, S. 192.

　위에 든 예들은 과장법의 사용을 통하여 도시의 팽창과 군중을 표현하고 있다. 군중과 도시의 팽창을 표현하는 시적 주체의 부정성은, 산업화된 풍경을 표현하는 경우와 마찬가지로, 후기 단계에 와서 두드러지게 표출된다. 두번째와 세번째 예는 “도시의 신은 분노에 가득차 쳐다보고”나 “바다와 같은 검은 탑들로부터”와 같은 메타포를 통하여 외부 세계를 지각하는 시적 주체성이 부정적임을 보여주고 있다. 인구의 밀집과 도시의 팽창에 대한 이와 같은 부정적 시각은 하임의 대도시 시가 그것의 후기 단계에서 문명 비판적인 모멘트를 갖게 하는 데 도움을 주고 있다.

　우리가 분석한, 산업화된 풍경을 표현하는 형상들과 군중 및 팽창의 메타포는 산업화된 현대 문명에 대한 시적 형상화이다. 이는 독일 표현주의 문학의 역사적 배경이 바로 독일에서의 급격한 산업화라는 사실을 고려해보면 더욱 명백해진다. 바로 산업화된 풍경·군중·팽창의 형상들에서 우리는 언어적인 메타포가 경험적으로 확인 가능한 현대적 현실과 일치하는 것을 확인할 수 있는 것이다.

IV. 표현 수단들 및 기법들[54] : 대도시적 현실에 대한 비판의 강화

　하임의 서정시의 초기 단계를 규정짓는 데 있어서, 산업화된 풍경·군중·도시의 팽창을 보여주는 형상들이 표현주의적 표현 방식이라기보다는 차라리 사실주의적이거나 자연주의적인 표현

---

54) 두 개념의 구분은 문예학에서 학문적으로 일반적 통용성을 가질 만큼 근거가 세워진 것은 아니다. 그러나 우리는 신화화·초자연화·의인화를 표현 수단들로 보고자 한다. 이것들이 하임의 대도시 시를 결정적으로 특징짓는 요소들이라는 사실을 분명하게 하기 위함이다. 이에 비해 과장법, 추하게 표현하기, 메타포의 잔인함, 그로테스크와 같은——현대 유럽 서정시에서 흔히 나타나는——현상을 표현 기법으로 명명한다.

방식을 통하여 시적 형상화에 이르렀다는 사실은 대단히 중요한 요소가 될 수 있다. 그런 형상들은 분명히 현실을 충실히 모사하는 표현 방식임에 틀림없다. 그러나 하임에게 특징적인 표현 수단들과 기법들이 후기 단계에서 도입되면서 하임의 대도시 시는 객관적 현실과는 동떨어진 느낌을 주는 요소를 갖게 되었다. 후기 단계의 시들에서는, 초기 단계와 비교해서, 시적 형상들과 객관적 현실의 직접적인 연관 관계가 쉽게 파악되지 않기 때문이다. 이런 이유에서, 하임의 대도시 시에 대한 해석도 후기 단계의 시들에 치중된 것을 알 수 있다.[55] 이는 또한 하임의 특이한 표현 수단들과 기법들이 그의 대도시 시에서 차지하는 중요한 비중을 말해주기도 한다. 이는 대도시적 현실에 대한 비판이 강화되었음을 의미한다.

이런 표현 수단들과 기법들은 하임의 대도시 시가 객체적으로 출현하는 현대적 현실의 미메시스로 해석되게 하는 데 어떤 기능을 담당하는가 하는 문제가 제기된다. 이 문제는 용이하게 해결될 수 있는 것은 아니다. 예컨대 형상들의 신화화 *Mythologisierung*, 초자연적인 힘을 가진 것으로 표현하기 *Dämonisierung*[56]와 같은 개념들은 객체적 현실과는 낯선 개념들일 뿐만 아니라 그것들에서 객체적 현실을 인식하는 것 자체가 쉬운 일이 아니기 때문이다. 하임의 대도시 시에서 보이는 이러한 특징에 연관하여 해석자들은 그의 대도시 시를 "환시적인 탈현실화"[57]로, 또는 현실로부터 벗어나 있는 형상[58]으로 보기도 한다. 그러나 하임의 대도시 시를 더욱 자세히 들여다보면, 시적

---

55) Vgl., H. Korte, *Georg Heym*, a. a. O., S. 52ff.

56) 다음부터는 초자연화로 약칭함.

57) C. Eykman, *Die Funktion des Häßlichen in der Lyrik Georg Heyms, Georg Trakls und Gottfried Benns*, a. a. O., S. 51 ff.

58) Vgl., H. Haarmann, "Expressionismus," in: E. Schütz/J. Vogt(hrsg.), *Einführung in die deutsche Literatur des 20. Jahrhunderts*, Bd. 1, Opladen, 1977, S. 242~46.

주체성이 위에서 언급한 표현 수단들과 기법들에 의하여 시적
표현에 이르게 되었으며 이런 표현에서는 탈현실화된 형상들에
대한 언어적 형상화가 문제되고 있다기보다는 현대의 대도시적
현실의 본질이 문제되고 있음을 알 수 있다.

1) 신화화·초자연화·의인화

이 요소들은 하임의 시를 결정적으로 특징짓는 중요한 것들
이며, 현실에 대한 미메시스의 기능을 갖고 있다.[59] 「도시의
신」이나 「도시의 귀신들」과 같은 시들에서 그것들은 하임의 서
정시적 세계가 형상화되게 하는 원리로서 결정적 역할을 담당
한다.

> 밤이 되자 붉어지는, 도시의 신의 배는
> **태양신**에서 빛나고,
> 대도시들은 도시의 신을 둘러싸면서 무릎을 꿇는다.
>
> 수백만 명이 부르는 노래는
> 마치 **광란의** 신들이 추는 무도처럼
> 거리에 시끄럽게 울려퍼진다.
>
> Vom Abend glänzt der rote Bauch **dem Baal,**
> Die großen Städte knien um ihn her.

---

59) 이 요소들의 기능과 그것들이 매개하는 의미의 연관 관계에 대해서는 쿠르트
   마우츠의 연구가 가장 뛰어난 업적을 성취한 것으로 보인다. 그는 『독일 표현
   주의에 있어서 신화와 사회. 게오르크 하임의 문학 *Mythologie und Gesell-
   schaft im Expressionismus. Die Dichtung Georg Heyms*』(Frankfurt/
   M/Bonn, 1961)에서 그러한 요소들이 현실과 관련해서 매개하는 의미를 분
   석하고 있다. 하임 문학의 사회적 차원에 관한 연구에 결정적인 공헌을 한 이
   책은 1987년에 개정, 증보되었으며, 아직까지 이 책을 능가하는 연구 결과가
   나오지 않고 있는 실정이 마우츠의 공적을 웅변해주고 있다.

Wie **Korybanten**—Tanz dröhnt die Musik
Der Millionen durch die Straßen laut.
           ——「Der Gott der Stadt」, S. 192.

도시의 귀신들은 어느 다리의 난간에 무겁게 기대고,
사람들의 무리 속으로 손들을 찌른다,
마치 목양신들[60]이
늪들의 가장자리에서 팔을 진창에 찌르듯이.

Sie lehnen schwer auf einer Brückenwand
Und stecken ihre Hände in den Schwarm
Der Menschen aus, wie **Faune**, die am Rand
Der Stümpfe bohren in den Schlamm den Arm.
          ——「Die Dämonen der Städte」, S. 186.

폭풍의 날개가 펄럭인다.
마치 독수리가 잔뜩 성이 나
머리털을 곤두세우고 노려보듯.

Die Stürme flattern, die wie **Geier** schauen
Von seinem Haupthaar, das im Zorne sträubt.
          ——「Der Gott der Stadt」, S. 192.

도시의 귀신들은 전등불을 따라 떠돈다.
전등불은
가로등들이 등에 얼룩을 새겨놓은
거대한 파충류처럼,
검고도 넓게,
하늘을 칠흑처럼 덮는 어둠 속으로
슬프게 엉켜 들어간다.

---

60) 문학 및 예술에서 특히 강력한 성적 충동을 상징하는 신.

Sie wandern an dem Strom, der schwarz und breit
Wie **ein Reptil**, den Rücken gelb gefleckt
Von den Laternen, in die Dunkelheit
Sich traurig wälzt, die schwarz den Himmel deckt.
　　　　　——「Die Dämonen der Städte」, S. 186.

　"태양신" "광란의 신" "목양신"처럼 고대 신화의 요소들로부터 유래하는 형상들이 시적 세계에 출현하며, 이것들은 현대 산업 세계와 관련이 있다. 시인은 "거대한 도시들" "수백만 명" "사람들의 무리"와 같은 형상들과의 연상 작용을 의도하고 있기 때문이다. 그러면 고대 신화의 세계와 현대 산업 세계의 이질적 양립은 어떻게 해석될 수 있는가? 고대 신화에서 유래하는 형상들이 현대 산업 세계에 이입되면서 획득하는 기능과 의미는 두 세계 사이의 의미 연관 관계라는 관점에서 일단은 해석되어야 한다. 첫번째와 두번째 예가 보여주는 시적 표현의 인상에서, 우리는 원래 고대 신화의 기능과 관련이 있는 축제의 분위기를 느끼기보다는 현실에 대한 시적 주체성의 부정적 입장을 감지할 수 있다. 시인은 대도시적 현실의 부정성을 축제적 의미를 지닌 고대 신화와 대립시키고 있는 것이다. 이에 대한 쿠르트 마우츠의 해석은 많은 설득력을 지니고 있다: "시인의 주체가 자신이 현재 접하고 있는 세계의 강제적 속박의 틀, 산업화된 사회의 위력과 강제적 권력들로부터 벗어날 수 없음을 더욱 느끼면 느낄수록, 시적 주체는 산업화된 사회와 맞서는 제2의 세계, 즉 시인에게 고유한 예술적인 이상 세계를 고대 신화의 모델에 따라 구축하려는 욕구를 갖는다. 두 세계가 서로 결합될 수 없다는 것이 바로 하임의 서정시의 주제가 된다. 이런 양립은 유겐트 양식 *Jugendstil* 에서의 고대 신화적인 모티프와

요소들이 산업화된 현실의 자연주의적인 형상들과 대조되는 데
에 퇴적되어 있다. 이렇게 함으로써 전통적으로 내려오는 모든
신화적 장치가 현대 산업 세계에 낯선 것이 되고 마는 것이다."[61]
고대 신화와 결합된 형상들은, 낯섦의 효과와 더불어, 산업화된
대도시적 현실로부터 유래하는 일련의 위협적인 공포와 두려움
을 독자에게 매개하고 있는 것이다. 이것은 산업화된 현대 문명
을 비판하는 시적 주체성의 표출로 해석될 수 있다.
  "독수리" "거대한 파충류"와 같은, 인간에게 초자연적인 힘
을 가진 대상으로 다가오는 형상들은 인간을 위협하는, 무서운
힘을 가진 악의의 폭력을 상징한다. 이렇게 해서 시적 주체는,
낯설기 효과와 더불어, 인간에게 소외감을 주는 부정적 현실을
전면에 부각시킨다. 산업화된 대도시적 현실의 부정적 본질을
보여주기 위해서 "독수리" "거대한 파충류"의 형상들이 초자
연적인 힘을 가진 악마와 같은 모습으로, 즉 독자에게 낯선 현
상으로 출현하는 것이다. 네번째 예가 보여주듯이, 시인은 이러
한 낯설기 기법을 구사하면서 인간으로부터 소외된 현실의 거
대한 폭력과 인간의 무력함을 표현하고 있다. 무서운 힘을 상징
하는 "독수리"의 형상이 "폭풍들"의 형상과 메타포적으로 동
치되는 것은 독자에게 공포의 효과를 명백하게 매개하고 있다.
이것은 시적 주체에 의한 문명 비판의 의미를 갖는다.
  신화화와 초자연화는 의인화와 직결되어 있다. 위에서 인용
한 네 개의 예들의 모든 시행에서 의인화가 구사되고 있음을
한눈에 알 수 있듯이, 의인화는 하임의 표현 방식을 특징짓는
결정적 요소 중의 하나이다. 실비오 비에타는 하임의 서정시를
신화적 세계에서 유래하는 요소를 의인화함으로써 현대 산업
세계의 위력을 알레고리적으로 표현한 문학이라고 지적하고 있

---

61) K. Mautz, *Mythologie und Gesellschaft im Expressionismus*, a. a. O.,
    S. 80~81.

다.[62] 비에타는 의인화가 성취하는 의미 형성을 현대 산업 문명에 대한 알레고리로까지 보고 있는 것이다. 마우츠도 의인화된 표현 방식이 신화화와의 연관 관계에서 어떠한 기능을 수행하고 있는가 하는 문제에 대해 비에타와 유사한 견해를 개진하고 있다: "의인화된 처리 방식이 이전에는 현실적인 것을 신적인 것으로 끌어올리거나 변용시키는 데 이용되었다면, 이제는 인간에게 낯설게 등장하며 인간을 위협하는 현실을 직관하게 하고, 이런 현실의 부정적이고도 소름끼치는 본질을 폭로하는 데 기여한다. 의인화는 더 이상 신적인 변용으로 나타나지 않고, 초자연적인 힘을 가진 악마와 같은 모습으로 출현한다."[63]

산업화된 현대 사회는 전통적인 농경 사회에 비해 훨씬 동적이다. 하임은 의인화된 처리 방식을 구사함으로써 현대 산업 세계의 근저에 놓여 있는 동적인 모멘트를 보다 효과적으로 표현하는 데 성공하고 있다. 하임이 구사하는 의인화는 그러나 이처럼 동적인 현대 산업 사회가 갖는 부정적 속성을 독자에게 매개한다는 점에서 문명 비판적인 주제 의식의 형성에 기여한다. 의인화가 현대 산업 문명 세계의 위력을 상징하는 초자연화된 형상들과 결합되면서 현대 문명에 내재하는 특징, 즉 현대 문명의 파괴적 속성을 전면에 부각시키고 있음을 우리는 "도시의 귀신들은 사람들의 무리 속으로 손들을 찌른다"나 "도시의 귀신들은 전등불을 따라 떠돈다"와 같은 메타포에서 확인할 수 있다. 도시의 귀신들이 움직이는 공간이 바로 대도시임을 독자는 쉽게 알아차릴 수 있기 때문이다.

2) 과장법, 메타포의 잔인함, 추함, 그로테스크

이러한 표현 기법들은 보들레르 이후의 유럽 서정시에서 흔

---

62) Vgl., S. Vietta/H. G. Kemper, *Expressionismus*, a. a. O., S. 57.
63) K. Mautz, *Mythologie und Gesellschaft*, a. a. O., S. 83.

히 출현한다.[64] 우리는 여기에서 이런 기법들이 하임의 대도시
시에서 현대 산업 문명을 보다 효과적으로 인식하며 비판하는
데 결정적으로 기여하고 있다는 사실에 주목하고자 한다.

"기차가 떠난다,/사람의 배처럼 불룩하게 보이는/철로에는
수많은 사람들이 서 있다./기차는 천 개의 철로를 달려가는 것
같다 *Der Zug fährt aus, im Bauch die Legionen./Er scheint
in tausend Gleisen zu verirrn*"(「Vorbahnhof」, S. 102)와 같
은, 초기 단계에서 보이는 형상들은 과장법의 기법을 구사하고
있다. 이 단계에서의 과장법은 군중과 도시 팽창을 더욱 강력하
게 형상화시키는 데 공헌한다. "바다와 같은 집들," "바다와
같은 도시에서 울려퍼지는 반주"(「도시의 귀신들」), "바다와
같은 검은 탑들로부터"와 같은 과장법을 통해 이루어지는 비교
의 메타포는 대도시의 위력적인 확장을 형상화시킨다.

그러나 귀신들은 거대하게 자란다.
귀신들의 관자놀이 뿔은 하늘을 붉게 갈라놓는다.

Doch die Dämonen wachsen riesengroß.
Ihr Schläfenhorn zerreißt den Himmel rot.
    ——「Die Dämonen der Städte」, S. 187.

도시의 신은 불끈 쥔 주먹을
어둠 속으로 찌른다.
그는 주먹을 힘차고도 짧게 움직인다.
불바다가 거리를 따라 서두르듯이 흐른다.

Er steckt ins Dunkel seine Fleischerfaust.

---

64) 이에 대한 가장 탁월한 분석은 다음의 책을 참조(Vgl., Hugo Friedrich,
   *Die Struktur der modernen Lyrik. Von der Mitte des neunzehnten
   bis zur Mitte des zwanzigsten Jahrhunderts*, Hamburg, 1968).

Er schüttelt sie. Ein Meer von Feuer jagt
Durch eine Straße.

——「Der Gott der Stadt」, S. 192.

시인은 과장법에 의하여 그 특징이 선명하게 드러내는 형상들을 구사함으로써 극적인 효과를 불러일으키는 시적 세계를 독자에게 제공하고 있다. 이러한 시적 세계에서, 독자는 불가능한 것들이 마치 가능한 현실로서 출현하는 것 같은 효과[65]를 경험하게 된다. 과장법은 "붉게"나 "검은"과 같은 색채 메타포와 결합되면서 현대 문명의 위력적인 파괴력을 이미 알리고 있다.

메타포의 잔인함·추함·그로테스크와 같은 기법들도 하임의 대도시 시에서 두드러지게 나타난다. 이런 기법들은 대도시적 현실에 대한 부정적 묘사와 문명 비판의 주제를 더욱 강력하게 형상화시키는 기능을 갖는다. 이에 대한 매우 명확한 실례를 우리는 「시 외곽지 Die Vorstadt」에서 확인할 수 있다.

여기에 주둥이가 벌어져 있다.
이빨이 없이 찢어진 채.
여기에 두 팔이 검게 조각난 듯 올라와 있다.
어느 미친 사람이 둔탁하게 혀로 지껄이고,
거기에 어느 늙은이가 쪼그리고 앉아 있고,
문둥병에 걸린 해골은 하얗게 널려 있다.

어린이들이 놀고 있다,
사지가 이미 일찍이 부러진 채.
어린이들은 지팡이로 뛰듯 기어오른다.
마치 벼룩들이 멀리 뛰듯이.

---

65) 아도르노는 예술이 가상으로 존재하기 때문에 이런 가능성이 성립한다고 보았다(Vgl., T. W. Adorno, *Ästhetische Theorie*, S. 163ff.).

넋을 잃은 채 비틀거리면서
낯선 자에게 한푼이라도 얻겠다고.

Hier klafft ein Maul, das zahnlos auf sich reißt.
Hier hebt sich zweier Arme schwarzer Stumpf.
Ein Irrer lallt die hohlen Lieder dumpf,
Wo hockt ein Greis, des Schädel Aussatz weißt.

Es spielen Kinder, denen man früh brach
Die Gliederchen. Sie springen an den Krücken
Wie Flöhe weit und humpeln voll Entzücken
Um einen Pfennig einem Fremden nach.
──「Die Vorstadt」, S. 133.

「시 외곽지」에서 구사된, 특히 두드러지게 나타나는 추함의
표현 기법은 하임이 보들레르에게서 직접적 영향을 받았음을
짐작하게 한다.[66] 첫번째 예에서 독자는 추함의 표현 기법이 한
연의 전체를 관통하고 있음을 알 수 있다. 추함의 형상들은 이
곳에서 공감각적인 효과까지 산출한다. 시인은 인간의 모습을
철저하게 변형시키는 추함의 형상들을 통하여 시적 주체에 의
한 현실 비판을 의도하고 있는 것이다. "현대 예술이 혐오스러
움과 육체적으로 거부감을 불러일으키는 경향에 기우는 것에서
비판적 유물론적인 모티프가 성취된다"[67]는 아도르노의 견해는
하임의 대도시 시에서 추함의 기법이 차지하는 사회 비판적 위
상을 이론적으로 설명해주는 좋은 예이다. 폭력에 의하여 불구

---

66) 『악의 꽃』의 한 부분을 이루고 있는 「파리 풍경」에서 보들레르는 도시 빈민
    의 비참한 모습을 추함의 기법을 이용하여 형상화시킨다. 「시 외곽지」에서 보
    이는 메타포는 보들레르의 「일곱 명의 노인들」에서 나타난 메타포와 유사하
    다. 이 시에 대한 해석은 「시적 주체성의 객체성」을 참조할 것(pp. 113ff).
67) T. W. Adorno, *Ästhetische Theorie*, a. a. O., S. 79.

산업 문명과 현대적 현실 79

자가 된 어린 아이들이 움직이는 모습을 비극적으로 보여주는
두번째 예는 독자에게 그로테스크한 형상을 매개한다. 이 형상
에서는 메타포의 잔인함도 동시에 확인된다. 그로테스크와 메타
포의 잔인함은 정상적인 궤도에서 벗어나 있는, 즉 비뚤어진 현
실에 대한 미메시스의 기능을 담지하는 표현 기법들이다. 이런
미메시스는 현실 비판의 차원을 갖는다.

어둠에 가득찬 어느 거처에서
산욕부가 고통을 외치고 있다.
힘있게 보이는 몸뚱어리는
이불로부터 빠져나와 거대하게 돌출해 있다.
몸뚱어리 주변에는 커다란 악마들이 서 있다.

악마의 목들은 마치 기린처럼 커다랗게 자란다.
어린 아이는 머리가 없다.
어머니가 어린 아이를 앞에서 안고 있다.
어머니가 뒤로 넘어지면,
그녀의 등에는 개구리처럼 생긴 손가락들이
공포에 질린 채 벌어져 있다.

In einer Stube voll Finsternissen
Schreit eine Wöchnerin in ihren Wehn.
Ihr starker Leib ragt riesig aus den Kissen,
Um den herum die großen Teufel stehn.

Der Teufel Hälse wachsen wie Giraffen.
Das Kind hat keinen Kopf. Die Mutter hält
Es vor sich hin. In ihrem Rücken klaffen
Des Schrecks Froschfinger, wenn sie rückswärts fällt.
——「Die Dämonen der Städte」, S. 187.

어두움과 악마와 같은 부정적 형상들과 함께 배열된, 탄생의 형상은 독자를 추함의 예술적 경험에 밀어넣는다. 추함의 기법은 탄생이 축복이 아니며 저주에 지나지 않는다는 것을 독자에게 충격적으로 매개하고 있다. 현대 예술에 일반적으로 나타나는 충격주기는 서정시의 경우 추함의 표현 기법과 밀접한 관계를 가지고 있음을 우리는 하임의 시에서도 확인할 수 있는 것이다.

두번째 예에서 보이는 "어린 아이는 머리가 없다"라는 표현은 그로테스크한 작용을 냉소적으로 보여주는 메타포이다. "어린 아이는 머리가 없다"와 "개구리처럼 생긴 손가락"과 같은 충격적 표현은 문예학적 의미에서 통용되는 그로테스크, 즉 인간의 이성에 기초한 질서에 대한 신뢰가 무너지고 세계로부터 낯설게 되는 현상을 문학적으로 표현하는 기법인 그로테스크의 도움이 없이는 거의 해석될 수 없다. 그로테스크는 세계의 질서가 괴기스러운 힘에 의하여 무너짐을 보여주는바, 하임은 생명의 탄생이라는 고유한 질서를 그로테스크하게 파괴시키고 있는 것이다. 우리가 추함과 그로테스크의 기법이 독자에게 매개하는 충격적인 효과를 통하여 시적 묘사에 있어서 공감각적 작용을 불러일으키고 있는, 현실에서는 불가능한 것인 어머니와 어린 아이에 대한 표상에서 자연의 질서를 생각해보면, 이러한 질서가 하임의 시에서 전도된 형태로 파악되고 있음을 인식할 수 있다. 시인의 지각 주체는, 앞서서 알프레트 리히텐슈타인의 경우에서 확인하였듯이, 인간에게 위압적 힘으로 다가오는 대도시라는 외부 세계에 의하여 전도된 것이다. 시적 지각 주체가 이처럼 구조적으로 변화되는 것은 객체적 현실이 부정적으로 인식되고 있음을 반증한다. 부정적 인식은 현실에 대한 고통의 표출이다.

하임에게 특징적으로 나타나는 표현 수단들 및 기법들을 해석하는 데 있어서 간과되어서는 안 될 중요한 사항이 있다: 신화화·초자연화·의인화·과장법, 메타포의 잔인함, 그로테스크는——서로 겹치면서——시인이 의도하는 의미 매개와 의미 형성이 독자에게 보다 효과적으로 전달되도록 작용하며, 이것은 시적 주체성이 객체성으로 변모하면서 획득하는 현실 인식[68]의 강화에 기여한다. 그러한 요소들의 의미와 기능은, 그것들이 매개하는 의미 연관 관계를 시인이 살았던 시대적 현실, 즉 대도시를 빼놓고는 생각할 수 없는 현실을 연관시킬 때 보다 명백하게 해석될 수 있다. 이렇게 볼 때, 하임은 대도시에서 전개되는 현대 문명의 파괴적 속성들을 문학적으로 표현하기 위하여 그러한 표현 수단들과 기법들을 사용했다는 주장이 제기될 수 있는 것이다. 보들레르나 랭보의 경우처럼, 하임에서 보이는 추함과 그로테스크도 예술적 현대를 근본적으로 확인시켜주는 표징이다. 하임의 대도시 시에서는 시의 외적 형식을 과격하게 변형시키는 실험이나 새로움이 없다. 그럼에도 그의 대도시 시를 특징짓는 표현 수단들과 기법들은 시적 지각 주체의 구조적 변화와 밀접한 연관 관계를 맺으면서 독일의 서정시에 새로운 장이 열렸음을 알리고 있으며, 바로 이 점에서 하임의 대도시 시는 독일 표현주의 문학이 현대성의 문학이라는 일반적 인식이 성립하는 데 일조하고 있는 것이다.

V. 현실 비판의 구체적 차원: 문명 비판과 세계의 종말감

하임의 대도시 시는 역사적 배경에서 뿐만아니라, 언어적 메타포 및 표현 수단들과 기법들의 분석에서도 현대적 현실의 미메시스로 해석될 수 있다는 점을 우리는 지금까지 중점적으로 논의하였다. 이 같은 미메시스는 곧 현실에 대한 비판이다. 이

---

68) 이 문제는 이 책에 실린 논문 「시적 주체성의 객체성」의 중심 주제이다.

런 분석에서 공통분모가 되는 것은 산업 문명이 구축한 현대라는 요소였다. 우리는 이제 하임의 대도시 시가 보여준 결정적 주제인 문명 비판적 특징을 지금까지의 분석 결과를 기초로 해서 보다 심도 있게 고찰할 차례가 되었다.

문명 비판과 세계의 종말에 대한 위기 의식이 초기 표현주의 시를 관통하는 중심 모티프라는 테제는 독일 표현주의 문학 연구에서 많은 문학사가들이 여러 차례 제기한 테제이다. 문명 비판적 경향과 세계의 종말에 대한 의식은 특히 제1차 대전 전야에 유럽에 감돌던 분위기였다. 이 분위기가 문학에서 표현된 경우가 특히 초기 표현주의 시라고 볼 수 있다. 우리는 언어적 메타포에서 드러난 문명 비판과 세계의 종말에 대한 표현을 매개로 해서 두 모티프를 이해하고자 한다. 이런 메타포에서 해석자가 문명화된 세계에 대한 시적 주체의 부정적이며 비판적 입장, 종말감, 죽음에의 위기 의식, 붕괴에의 위기 의식, 문명이 유발하는 파괴감 등을 언어가 매개하는 의미를 통하여 인식하는 경우를 우리는 문명 비판과 세계의 종말이라는 모티프로 이해하려고 한다. 우리가 앞서 분석했던 산업화된 풍경과 대도시의 폭발적인 팽창의 형상들에서 보이는, 객체적 현실에 대한 시인의 부정적 입장이 하임의 대도시 시가 제기하는 문명 비판을 해석하는 근거가 된다. 우리는 대도시를 산업화의 전개와 더불어 형성된, 현대 문명에 대한 새로운 경험 세계로 보았기 때문이다. 세계의 종말감을 보여주는 형상들은 하임에 특징적인 표현 수단들과 기법들(특히 과장법)에 의하여 명백한 의미 형성*Versinnbildlichung*에 이른 메타포, 세계의 종말에 대한 직접적 표현들, 그리고 색채의 메타포에 퇴적되어 있다. 세계의 종말감을 매개하는 메타포에는 문명 비판적 주제 의식이 함께 내포되어 있음은 두말할 나위가 없다.

우리는 두 중심 모티프를 초기 단계에 대해서는 「베를린 Ⅱ」

에서, 후기 단계의 경우에는 「도시의 신」에서 고찰하기로 한다. 두 편의 시는 각 단계에서 특히 중요한 작품으로 보이기 때문이다. 다른 시들은 단편적으로 인용될 것이다.

　문명 비판과 세계의 종말에 대한 주제 의식이 초기 단계에서도 인식될 수 있는가 또는 그렇지 않느냐 하는 물음에 대해 「베를린 Ⅱ」는 좋은 실례를 제공한다.

> 타르를 바른 통들이
> 어두운 창고의 문턱에서 굴러나와
> 높은 화물선 위로 옮겨졌다.
> 견인차들이 다가왔다. 갈기 같은 연기가
> 까맣게 그을린 채
> 기름으로 얼룩진 물결 위에 걸려 있었다.
>
> 악대를 실은 두 대의 기선이 왔다.
> 다리의 아치에 이르자 굴뚝에서 내뿜는
> 연기가 잘려나갔다.
> 제혁 공장들에서는 갈색 모피들이 더러운 파도처럼 출렁이고,
> 그 위에 연기, 그을음, 악취가 있었다.
>
> 우리가 화물선과 함께 뚫고 왔던
> 모든 다리에서 신호 소리가 울렸다.
> 마치 고요함 속에서 자꾸 커지는 북소리처럼
>
> 우리는 배를 놓아두고
> 운하에 있는 정원들 쪽으로 천천히 다가갔다.
> 전원과 같은 풍경에서 우리는
> 거대한 공장 굴뚝들이
> 밤의 항로를 안내해주는 것을 보았다.

Beteerte Fässer rollten von den Schwellen
Der dunklen Speicher auf die hohen Kähne.
Die Schlepper zogen an. Des Rauches Mähne
Hing rußig nieder auf die öligen Wellen.

Zwei Dampfer kamen mit Musikkapellen.
Den Schornstein kappten sie am Brückenbogen.
Rauch, Ruß, Gestank lag auf den schmutzigen Wogen
Der Gerberein mit den braunen Fellen.

In allen Brücken, daunter uns die Zille
Hindurchgebracht, ertönten die Signale
Gleichwie in Trommeln wachsend in der Stille.

Wir ließen los und trieben im Kanale
An Gärten langsam hin. In dem Idylle
Sahn wir der Riesenscholte Nachtfanale.

——「Berlin Ⅱ」, S. 58.

　　산업화된 풍경을 보여주는 형상들이 이 시의 거의 모든 행들에서 두드러지게 나타난다. 이런 형상들을 보는 시각으로서 우리는 우선 쿠르트 마우츠의 경우를 예로 들어보기로 한다. 마우츠는, 「베를린 Ⅱ」가 산업화된 풍경의 형상들로 가득차 있다는 특성에 기반을 둔 요셉 슈나이더 Ferd. Jos. Schneider 의 해석, 즉 「베를린 Ⅱ」에서는 단순히 사실주의적인 환경 묘사와 평안하게 관조된 자연주의적인 도시상(像)[69]이 문제되고 있을 뿐이라는 해석을 반박한다. 마우츠는 이어서 언어적인 메타포가 내

---

69) Vgl., K. Mautz, *Mythologie und Gesellschaft im Expressionismus*, a. a. O., S. 67~68.

보이는 의미의 충들을 분석하고 이런 충들을 하임의 다른 시들과의 연관 관계에서 고찰함으로써 그의 고유한 해석을 내놓는다. 그는 「베를린 Ⅱ」에서 세계 종말에의 주제 의식이 이미 명백하게 표출된다는 점을 주장하고 나선 것이다. 마우츠가 이런 해석을 주장하면서 도입한 표현상의 두 가지 모멘트, 즉 「베를린 Ⅱ」에서는 "검은 것과 어두운 것이 부단히 마치 불려오듯이 출현하는 것"의 모멘트와 "인간의 지각에[70] 대상적인 것으로 실재로 나타나는 것을 메타포적으로 다른 차원으로 끌어올림"[71]의 모멘트는 그로 하여금 다음과 같은 결론에 이르게 한다: "산업화된 풍경이 보여주는 전체적 상(像)은 이 시의 처음부터, 그리고 모든 행에서 무시무시하고도 위력적인 것의 의미에서 괴기스러운 섬뜩한 힘을 가진 특징들을 가지고 있다. 다시 말해 전체적 형상은 악마와 같은 초자연적인 힘을 가진 것의 특징들을 지니고 있는 것이다. '거대한 공장 굴뚝들이 밤의 항로를 안내해주는'이라는, 신화화시키는 마지막 형상에서 그러한 특징들은 더욱 상승되며 그 충을 두텁게 한다. 이런 특징들은 겉으로 보기에 현실을 자연주의적으로 재현해보이는 듯한 묘사에서 그러나 이미 초자연적인 힘을 가진 것으로 보이게 하는 메타포의 형태로 명백하게 나타난다."[72] 거대한 공장 굴뚝을 이미 악마와 같은 무서운 힘의 메타포로 본 마우츠는 「베를린 Ⅱ」의 주제가 세계 종말에의 위기 의식이라는 입장을 결론적으로 개진한다: "이 시의 마지막 각운으로서 특별히 강조된 채 자리를 차지하고 있는 '밤의 항로를 안내해주는 것'은, 핵심만

---

70) 원문에는 없으나 원문에서 표현된 내용의 보다 명확한 이해를 위해 글쓴이가 임의로 삽입함.

71) Vgl. *Ebd.*, S.69~70. 표현상의 모멘트의 첫번째 예로서 마우츠는 연이어서 나타나는 형상들인 "타르를 바른" "어두운" "화물선" "연기" "그을은" "연기" "그을음"을 들고 있다. 두번째 예로서 그는 "갈기 같은 연기"와 "북소리"를 들고 있다.

72) *Ebd.*, S.70.

언급한다면, 이미 세계의 종말을 알리는 불이다. 이 불은 신화화의 표현 수단을 사용하는 하임의 대도시 시들에서 도시들의 세계를 파괴하는 불에 다름이 아닌 것이다."73) 이상에서 살펴본 것처럼 마우츠는 「베를린 Ⅱ」의 주제를 세계 종말감과 동치시키고 있으며, 이 같은 해석은 문제가 없는 것은 아닌 것 같다.

그러면 마우츠의 해석은 얼마만큼 설득력을 획득할 수 있는가 하는 문제가 제기된다. 세계의 종말에 대한 주제 의식은 문명 비판의 주제 의식과 불가분의 관계에 놓여 있으며, 전자에 대한 해석은 후자와 관련을 맺지 않으면 충분하게 성취될 수 없다. 마우츠의 해석은 바로 이 관점을 빠뜨리고 있다. 「베를린 Ⅱ」에서 문명 비판적인 묘사가 이루어지고 있는가 하는 물음에 대한 결정적인 기준은 시적 주체가 표현 대상에 대하여 갖는 입장이 부정적이냐 또는 그렇지 않느냐 하는 문제와 직결된다. 이 문제를 해명하기 위해서는 시적 주체가 얼마만큼 그것의 주관주의적인 *subjektivistisch* 모멘트를 표현으로 옮기느냐 하는 것이 명백하게 파악되어야 한다. 문명을 비판적으로 보는 시각 자체가 주관주의적이기 때문이다. 예컨대 과장법·추함·그로테스크 등의 표현 기법들은 이미 시적 주체가 주관주의적임을 극명하게 보여주는 요소이다. 이 요소에 대한 고려에 앞서서 우리는 「베를린 Ⅱ」에서 시인의 주관성이 제 4 련에서 등장하는 "우리들"이라는 표현에서 일부 드러나고 있는 현상에 주목할 필요가 있다. 시적 주체는 4 련에서 "우리들"이라는, 즉 산업화된 풍경을 함께 경험한 사람들을 복수로 지칭하는 표현을 사용함으로써 제 3 련까지 서술된 형상들이 시인뿐만 아니라 산업화된 풍경을 경험하는 모든 사람에게 직접적으로 해당된다는 점을 주지시키고 있다. 예컨대 제 1 련과 2 련의 마지막 행들에서 다만 암시되고 있듯이, 산업화된 풍경에 대한 시인의 입장이 부정적인

---

73) *Ebd.*, S.69.

상태에서 "우리들"을 끌어들이는 것은 이미 시인의 주관주의적 판단을 다른 사람에게 전달하고 있는 셈이 된다. 지각 대상에 대한 시인의 지각은 제 2 련까지는 마치 자신에게 직접 해당이 안 되는 것 같은 태도를 취한다. 시인은 그러나 제 3 련에 이르러 갑자기 "우리들"이라는 표현을 사용하며, 4 련에서는 우리가 지각 주체가 된다. "우리들"에서 보이는 주관주의적인 모멘트의 도움을 빌려 일단은 외부 세계를 보는 시인의 입장이 부정적이라는, 즉 산업 문명에 대한 비판적인 태도를 읽을 수 있다.

이런 가능성에도 불구하고 표현 대상에 대한 시적 주체성의 명백한 부정성은 직접적으로 표출되고 있지 않다. 그러나 시 전체가 매개하는 인상으로부터 우리는 일단 산업화된 외부 세계의 부정적 측면을 관찰할 수 있다. 「베를린 Ⅱ」는 자연 환경의 오염을 독자에게 간접적으로 경험시키고 있는 것이다. 산업화된 풍경의 형상들은 이 시에서 거의 객관주의적으로 묘사되고 있음에도 불구하고, 이 형상들에는 독자로 하여금 산업 문명 세계에 대해 부정적으로 표상할 수 있게 하는 주관주의적인 모멘트도 동시에 내포되어 있다. 이런 모멘트는 "갈기 같은 연기가/까맣게 그을린 채/기름으로 얼룩진 물결 위에 걸려 있었다" "갈색 모피들이 더러운 파도처럼 출렁이고/그 위에 연기, 그을음, 악취가 있었다" "모든 다리에서 신호 소리가 울렸다/마치 고요함 속에서 자꾸 커지는 북소리처럼"과 같은 메타포와 "전원과 같은 풍경"과 "거대한 공장 굴뚝들이/밤의 항로를 안내해주는 것"의 대조에 함유되어 있는 것이다. 산업 문명 세계에 대한 시인의 부정적 입장은 이렇게 해서 다만 암시적으로 표출될 뿐이다. 산업화된 풍경이 거대한 면모를 갖고 있음을 보여주는 형상들은 산업 문명 세계의 위력을 상징하는 것으로 볼 수 있고, "거대한 공장 굴뚝들이/밤의 항로를 안내해주는 것"의 메타포는 세계의 종말을 상징적으로 암시해주는 것으로 간주될 수도 있다.

지금까지 논의한 문제, 즉 우리가 「베를린 Ⅱ」에서 문명 비판과 세계 종말의 주제 의식을 명백하게 인식할 수 있느냐 하는 물음은 다음의 몇 가지 문제를 남기고 있다. 첫번째로, 현대 산업 세계의 **파괴적** 모멘트를 상징하는 형상들은 「베를린 Ⅱ」에서 아직 명백하게 표현되고 있지 않다. "거대한 공장 굴뚝들이/밤의 항로를 안내해주는 것"은 문명 비판적인 모멘트를 가장 강력하게 내포하는 메타포로 간주될 수 있다. 그러나 이 메타포와 결합되어 문명 비판에의 의미 형성에까지 이르게 하는, 시적 주체의 명백한 주체성은 아직 확실하지 않다. 두번째로, '종말' '죽음의 노래'처럼 문명 비판과 세계의 종말을 동시에 직접적으로 지시하는 표현들이 「베를린 Ⅱ」에서는 아직 출현하지 않는다. 세계 종말감에의 의미 형성에 있어서 하임의 시에서 결정적 역할을 담당하는, 예컨대 불을 상징하는 붉은색과 같은 색채 메타포가 「베를린 Ⅱ」에서는 아직 나타나지 않고 있다. 이러한 두 가지 이유에서, 이 시는 하임의 대도시 시에서 보이는 문명 비판적인 모멘트들의 기본 특징을 어느 정도 내포하고 있으며, 산업화된 문명 세계에 대한 시적 주체성의 부정성은 아직 명백하게 표출하고 있지 않다는 결론이 도출될 수 있겠다. 따라서 하임의 대도시 시의 초기 단계에서 문명 비판과 세계 종말의 주제 의식을 결론내리듯이 해석하는 것은 문제가 있다. 문명 비판과 세계 종말의 주제 의식은 후기 단계에서 명확하게 나타나며, 하임의 대도시 시를 특징짓는 표현 수단들 및 기법들과 결합되어 그 효과를 상승시킨다.

문명 비판과 세계 종말의 두 모티프를 주제화한 대표적인 시로서 우리는 「도시의 신 Der Gott der Stadt」을 들 수 있다.

집들이 늘어선 블록 위에 도시의 신이 넓게 앉아 있다.

바람은 그의 이마 주위로 검게 포진하고 있다.
그는 분노에 가득차 쳐다보고,
먼 곳에서 고적하게
도시의 맨 뒤에 위치한 집들은
시골까지 뻗어 있다.

밤이 되자 붉어지는, 도시의 신의 배는
태양신에서 빛나고,
대도시들은 그를 둘러싸면서 무릎을 꿇는다.
엄청나게 많은 교회의 종들이
바다와 같은 검은 탑들로부터
그에게 파도치듯이 다가온다.

수백만 명이 부르는 노래는
마치 광란의 신들이 추는 무도처럼
거리에 시끄럽게 울려퍼진다.
공장 굴뚝의 연기가
마치 구름처럼 그에게 다가온다.
유향의 연기가 파랗게 피어오르듯

날씨는 그의 눈에서 그슬러가고
어두운 저녁은 마취되듯 밤으로 흘러간다.
폭풍의 날개가 펄럭인다.
잔뜩 화나서 곤두서 있는 자신의 머리털을
노려보는 독수리처럼.

그는 불끈 쥔 주먹을
어둠 속으로 찌른다.
그는 주먹을 힘차고도 짧게 움직인다.
불바다가 거리를 따라 서두르듯이 흐른다.
이글이글 타는 불이 요란스럽게 움직이고,

아침 해가 뜰 때까지 거리를 삼켜버린다.

Auf einem Häuserblocke sitzt er breit.
Die Winde lagern schwarz um seine Stirn.
Er schaut voll Wut, wo fern in Einsamkeit
Die letzten Häuser in das Land verirrt.

Vom Abend glänzt der rote Bauch dem Baal,
Die großen Städte knien um ihn her.
Der Kirchenglocken ungeheure Zahl
Wogt auf zu ihm aus schwarzen Türme Meer.

Wie Korybanten—Tanz dröhnt die Musik
Der Millionen durch die Straßen laut.
Der Scholte Rauch, die Wolken der Fabrik
Ziehn auf zu ihm, wie Duft von Weihrauch blaut.

Das Wetter schwelt in seinen Augenbrauen.
Der dunkle Abend wird in Nacht betäubt.
Die Stürme flattern, die wie Geier schauen
Von seinem Haupthaar, das im Zorne sträubt.

Er streckt ins Dunkel seine Fleischerfaust.
Er schüttelt sie. Ein Meer von Feuer jagt
Durch eine Straße. Und der Glutqualm braust
Und frißt sie auf, bis spät der Morgen tagt.
—「Der Gott der Stadt」, S. 192.

　「베를린 Ⅱ」와 「도시의 신」을 구분하는 결정적 기준은, 후
자에서 하임에 특징적인 표현 수단들과 기법들이 구사되고 있

다는 점이다. 바로 이런 매우 주관주의적인 표현을 가능하게 하는 특징을 지니는 표현 수단들과 기법들이, 「베를린 Ⅱ」에서 보이는 객관주의적인 묘사의 모멘트를 완전히 배제시키는 기능을 가지면서, 「도시의 신」에서 문명 비판과 세계 종말의 주제 의식을 의미 매개적 *sinnvermittelnd* 및 의미 형성적 *ver-sinnbildlichend* 차원에서 고양시키는 효과를 창출한다.

도시의 신을 "그"로 표현하는 의인화의 표현 수단에서 시인의 주체성과 표현 대상이 상호간에 중개된다. 다시 말해 시인은 의인화를 통해서 대도시적 현실인 외부 세계에 대한 자신의 부정적 입장을 표출시키는 기법을 구사하고 있는 것이다. 제1련의 마지막 두 행에서 시인은 문명 비판에 대한 자신의 주관적인 모멘트를 의인화에 힘입어 독자에게 노출시키고 있는 바, 그는 이것을 자신의 주관성("그는 분노에 가득차 쳐다보고")과 묘사되어진 대상("먼 곳에서 고적하게/도시의 맨 뒤에 위치한 집들은/시골까지 뻗어 있다")을 결합시킴으로써 시도하고 있다. 이처럼 묘사된 대상은, 칼 루드비히 슈나이더가 다음과 같이 해석하고 있듯이, 현대 산업 문명의 현장인 대도시이다: "도시의 상태는, 강력하게 확장되는 움직임의 상태로 바뀌어서 표현되고 있다. 이 같은 확장의 움직임은 집들이 팽창되는 것 자체에 의해 유지되고 있을 정도이다. 무한대로 뻗어가는, 집들의 팽창에 대해 시각적으로 실상을 보여주는 것 대신에 하임은 팽창 에너지에 대한 형상화를 제공하고 있는 것이다."[74] 대도시의 팽창을 향해 분노에 가득찬 도시의 신이 표출하는 주관성은 현대 문명에 대한 시인의 비판적 태도를 대리하는 주관성이다. 마지막 연에서는 도시의 밤을 보는 시인의 주관성이 의인화에 의해 매개되어 표출되며, 이런 주관성은 뒤따르는 표현들, 즉 과장법을 통

---

74) K. L. Schneider, *Zerbrochene Form. Wort und Bild im Expressionismus*, Hamburg, 1969, S. 119.

해 현대 문명의 무시무시한 파괴력과 동시에 세계 종말을 상징적으로 보여주는 표현들과 결합되면서 「도시의 신」이 의도하는 주제 의식을 정점에 도달시킨다. 여기에서 우리는, 의인화의 수단이 도입됨과 더불어 시적 주체의 주관주의적이며 부정적인 모멘트가 「베를린 Ⅱ」에서 보다 훨씬 명증하게 드러나고 있다는 점과, 따라서 「도시의 신」이 문명 비판과 세계 종말의 주제 의식을 분명하게 보여주고 있다는 사실을 주장할 수 있겠다.

　　의인화의 기능은 다른 표현 수단들 및 기법들과 결합되면서 그 효과를 상승시킨다. 제 2 련과 3 련에서는 고대 신화에서 유래하는 형상들과 산업 세계를 나타내는 형상들이 "그(도시의 신)에게"에서 수렴된다. 시인은 이렇게 함으로써 산업 세계와 이 시에서 시적 주체성의 담지자로 볼 수 있는 도시의 신이 불가분의 관계에 놓여 있다는 것을 암시하고 있다. 「도시의 신」에서 기능이 변전된 고대 신화와, 이미 색채의 메타포("바다와 같은 검은 탑들로부터")와 과장법("공장 굴뚝의 연기가/마치 구름처럼")에 의해서 부정적으로 표현되고 있는 문명 세계를 의인화를 통해 연결시키는 것은 독자로 하여금 현대적 대도시 세계의 부정성을 직관할 수 있게끔 유도한다. 제 4 련의 마지막 두 행에서는 의인화와 결합된 초자연화가 뚜렷하게 나타난다. 초자연화는 "마치 독수리가"라는 메타포를 통해 거대한 힘을 가진 것, 위협적인 것, 악의를 가진 것, 공포스러운 것을 상징화한다. 의인화와 결합된 초자연화는 이렇게 해서 세계 종말의 메타포("폭풍의 날개가 펄럭인다")와 시적 주체의 부정성("잔뜩 화나서 곤두서 있는 자신의 머리털을/노려보는")을 상호간에 하나의 연관 관계에 놓이도록 하는 것이다. 시인은 의인화와 초자연화를 동시에 구사함으로써 인간을 위협하는 문명 세계의 부정성을 독자에게 충격적으로 매개하며, 이는 곧 세계 종말의 위기 의식을 주제화하는 것을 의미한다. 의인화는 실제로 불가능한 표상

을 마치 가능한 것처럼 인식되게 하는 능력을 발휘함으로써 산
업 문명의 파괴성과 부정성을 역설적으로 매개하는 기능을 획
득하며, 마우츠는 이에 대해 설득력 있는 해석을 제공하고 있
다: "하임의 문학적 신화에 있어서 본질적인 요소는 우리가 여
러 형상들과 메타포에서 마주치게 되는 일련의 의인화들이다.
이것들은 대상적으로 실제적인 것을 악마와 같은 힘을 가진 초
자연적인 것으로 표현하는바, 이는 인간으로부터 소외되어 있으
며 인간을 위협하는, 산업화된 시대의 현실의 부정적 본질을 명
확하게 보여주기 위함이다."[75]

　신화화·초자연화·의인화에 의해 분명하게 그 실체를 드러내
며 과장법과 색채 메타포를 통해 더욱 강화된, 문명 비판과 세
계 종말의 주제 의식은 제 5 련에서 완결된다. 시적 주체는 제 1
련에서부터 4 련에 걸쳐 퇴적되어 있는, 외부 세계에 대한 부정
적 입장을 명증하게 보여준 후, 제 5 련에 이르러 「도시의 신」
에서 가장 결정적인 메타포를 형상화시킨다: "불바다가 거리를
따라 서두르듯이 흐른다/이글이글 타는 불이 요란스럽게 움직
이고,/아침 해가 뜰 때까지 거리를 삼켜버린다." 하임이 의도하
는 문명 비판과 세계 종말의 주제 의식은 그가 사용한 표현 수
단들과 기법들이 발휘하는 기능과 결합되면서 여기에 이르러
정점에 도달된다. 이는 하임 문학의 핵심이자 속성이다: "현대
적 생활 경험들을 신화적으로 보다 높은 차원으로 끌어올려 표
현하려고 시도한 것에서 우리는 하임 문학의 고유한 속성을 발
견할 수 있다: 공장의 굴뚝으로 가득찬 대도시, 바다처럼 넓게
늘어서 있는 생기 잃은 집들, 익명의 군중들, 무엇보다도 금방
다가올 것 같은 재앙——이 모든 것들은 악마처럼 찌푸린 얼굴
과 소름끼치는 공포의 형상으로, 그리고 파괴와 종말의 알레고

---

75) K. Mautz, *Mythologie und Gesellschaft im Expressionismus*, a. a. O.,
　　S. 84.

리로 상승된다. 하임은 초기 표현주의 시인들 중에서 현대 문명의 종말론적인 환시를 보여준 시인이다."[76]

「도시의 신」은 신화화·초자연화·과장법을 시 전편에 걸쳐 도입함으로써 현실로부터 벗어나 있는 시세계를 보이는 특징을 지닌다. 이와 같은 이유에서 우리가 지금까지 시도한 해석에 대한 여러 가지 반박이 가해질 수 있다. 그러나 그런 반박들은 예컨대 우리에게 깊은 인상을 주는 칼 리하 Karl Riha의 해석, 즉「도시의 신」에서는 "대도시적 생활의 감각적—주관적 경험과 실재적인 관계들의 단순한 묘사들이 문제되는 것이 아니고, 뛰어난 표현 양식과 더불어 그 뜻을 내보이는 상상력이 문제된다. 이런 상상력은 그것이 의도하는 목표에 도달하기 위하여 알레고리적이고 신화적인 요소들을 사용한다"[77]는 해석만 들어보아도 반박의 의미를 상실하게 된다. 실비오 비에타도 역시 뜻을 내보이는 상상력이 의도하는 목적을 현대 문명에 대한 미메시스로 해석하는 입장을 취한다 : "신화와 결합된, 하임의 의인(擬人)적 알레고리가 그것 스스로 닫혀 있다는 것과 그것 자체로서 하나의 닫혀 있는 개체를 이룬다는 것, 그것의 원시성, 그것이 차지하는 무게는 주체에 의하여 생산되었으면서도 주체로부터 소외된 문명, 그리고 이런 소외에서 신화적인 자연의 폭력처럼 인간에게 마주서는 문명을 놀랄 만한 조형성으로 묘사하고 있다. 그런 알레고리는 상이 마치 고리를 이루는 모습도 아니고, 배열 양식 Reihungsstil도 아니다. 신화적인 의인적 알레고리는 현대 문명과 대도시에 대한 미메시스이다."[78] 알레고리는 인간의 타락을 마치 암호처럼 표현한 것이라는 벤야민의 해

<hr>

76) J. Knopf/V. Žmegač, "Expressionismus als Dominante," in: V. Žmegač (hrsg.), *Geschichte der deutschen Literatur vom 18. Jahrhundert bis zur Gegenwart*, Band Ⅱ/2, Königstein, 1985, S. 440.
77) K. Riha, *Deutsche Großstadtlyrik*, München/Zürich, 1983, S. 69.
78) S. Vietta/H. G. Kemper, *Expressionismus*, a. a. O., S. 54.

석을 따를 때, 하임의 대도시 시는 문명이 인간에게 가하는 고
통을 표현한 문학이라고 정의할 수 있으며, 이는 바로 문명 비
판의 주제 의식에 다름이 아니다.

「도시의 신」 외에도, 문명 비판과 세계 종말의 주제는 하임
의 대도시 시의 후기 단계에서 거의 모든 시에서 나타난다. 예
컨대 「시 외곽지」나 「도시의 귀신들」에서는 세계의 종말을 더
욱 적극적이고도 직접적으로 표현하는 형상들이 눈에 띈다.

> 동이 튼다.
> 사형수가 아침 기도를 하는데,
> 수탉들은 날카로운 소리로 밤새 신음한다.
> 문이 열린다. 문 뒤에 생긴 어둠에서는
> 사형수의 머리들이 곰팡이 슬어 있다.
> 주름이 잡혀 있고, 밤새 잠을 못 이룬 모습으로.

> Auf Morgen gehts. Die hellen Göckchen wimmern
> Zur Armesündermette durch die Nacht.
> Ein Tor geht auf. In seinem Dunkel schimmern
> Eunuchenköpfe, faltig und verwacht.
>> ——「Die Vorstadt」, S. 134.

> 도시의 귀신들의 발 주위로
> 바다와 같은 도시들이 울려대는 전주곡이 맴돈다.
> 길다란 장송곡,
> 음색은 둔중하다가 곧 날카롭게 되고.
> 장송곡의 음향은 어둠 속으로 올라간다.

> Um ihre Füße kreist das Ritorell
> Des Städtemeers mit trauriger Musik,
> Ein großes Sterbelied, bald dumpf, bald grell

Wechselt der Ton, der in das Dunkel stieg.
　　　　　──「Die Dämonen der Städte」, S. 186.

그러나 귀신들은 거대하게 자란다.
귀신들의 관자놀이 뿔은 하늘을 붉게 갈라놓는다.
지진이 도시들의 품을 뚫고 격렬하게 움직이고,
귀신들의 발굽 주위에서 천둥치듯.
불이 귀신들의 발굽 위로 훨훨 타오른다.

Doch die Dämonen wachsen riesengroß.
Ihr Schäfenhorn zereißt den Himmel rot.
Erdbeben donnert durch die Städte Schoß
Um ihren Huf, den Feuer überloht.
　　　　　──「Die Dämonen der Städte」, S. 186.

가난한 자들이 묻혀 있는 교회 묘지가 높이 솟아 있다.
줄줄이 늘어져 있는 돌들은 검게 보이고,
죽은 자들은
그들이 묻힌 누옥으로부터
붉은 종말을 보고 있다.
종말은 주정(酒酊)이 강한 포도주 맛이 난다.

Ein Armenkirchhof ragt, schwarz Stein an Stein,
Die Toten schaun den roten Untergang
Aus ihrem Loch. Er schmeckt wie starker Wein.
　　　　　──「Berlin Ⅷ」, S. 188.

　첫번째 예에서 독자는 죽음과 종말의 분위기가 한 연의 전체
를 뒤덮고 있음을 쉽게 감지할 수 있다. "사형수의 아침 기도,
밤, 어두움, 사형수의 머리들"과 같은 형상들을 통하여 이 연은

세계 종말의 주제 의식을 확연하게 표출하고 있다. 종말이 준비되는 현장은 시의 제목이 보여주듯이 「시 외곽지」이다. 도시 문명은 종말을 준비하는 문명에 지나지 않음을 시인은 사형수의 형상을 통해 알리고 있는 것이다. 두번째 예는 장송곡이라는 형상을 통해 도시 문명의 종말을 표현하고 있다. 바다처럼 팽창한 도시는 시인의 눈에는 결국 종말을 준비하는 현장일 뿐이다. 이것은 하늘이 붉게 갈라지고, 지진이 천둥치듯 격렬하게 발생하며, 도시가 불타오르는 메타포를 보여주는 세번째 예에서도 표현되고 있다. 시인은 네번째 예에서 "붉은 종말"이라는 직접적 표현을 사용함으로써 세계 종말에 대한 자신의 시적 주체성을 적극적으로 표출한다.

이상의 논의에서 우리는 하임의 대도시 시가 이미 초기 단계에서 산업화된 현실을 비판하는 경향을 띠기 시작하며, 특히 후기 단계에서는 산업 문명을 상징하는 형상들이 여러 표현 수단 및 기법들과 결합되면서 문명 비판과 세계 종말의 주제 의식을 표출하고 있음을 확인하였다. 이는 하임의 대도시 시가 초기 표현주의자들에게 널리 퍼져 있었던 현실에 대한 지각 및 인식의 전형적 예로서 간주될 수 있음을 의미한다. 문명 비판과 세계 종말의 주제 의식을 갖고 있는 하임의 대도시 시는 따라서 현대적 현실의 미메시스이며, 이는 고통스러운 현실을 표현하지 않고는 견딜 수 없는 충동의 결과이다.

VI. 여론: 주관적인 단조로움의 반복 또는 환시적인 탈현실화?

하임의 서정시를 해석하는 데 있어서, 우리가 특히 쿠르트 마우츠의 입장에 많은 도움을 받아 지금까지 시도한 해석을 정면으로 부인하는 입장도 있다. 우리가 시도한 해석의 타당성을 보다 명확하게 하기 위해서 그런 입장을 간단히 검토할 필요가 있다. 비에타에 따르면 하인츠 뢸레케 Heinz Rölleke는 하임의

서정시를 단순한 주관적인 존재성에 환원시켜보고 있다고 한
다.[79] 이런 관점은 많은 부분 단조로움, 황량함, 돌발적 사건이
발생하지 않는 것을 한탄하듯이 기록하고 있는 하임의 일기에
의존하고 있다.[80]

크리스토프 아이크만도 마우츠의 입장을 비판하면서 다음과
같은 견해를 피력한다: "그러나 어떤 시에서 보여진 개별 형상
또는 형상의 틀과 하임이 살았던 시대의 사회적 현실의 배후에
놓여 있었던 그 어떤 부정적인 속성들 사이에는 일관된 상응 관
계가 성립하지 않는다."[81] 우리가 하임의 대도시 시에서 주제
를 형상화시키는 데 있어서 매우 중요한 요소로 보았던, 초자연
적인 것으로 표현하는 것의 의미를 아이크만은 다음과 같이 절
하시킨다: "초자연적인 힘을 가진 것과의 결합은 그러나 항상
파괴에의 전제를 형성하지는 않는다. 초자연적인 것은 다만 자
신의 시들로부터 항상 파괴의 새로운 형상들을 구상하는 시인
에게서 보이는 가능한 하나의 형식일 뿐이며, 이런 형식은 바로
그런 시인에게서 보이는 환시적인 것의 상위에 존재하는 카테
고리의 한 형태에 지나지 않는 것이다."[82] 아이크만은 이런 인
식에 근거하여 하임의 시를 "환시적인 탈현실화"[83]로 정의한
다. 우리는 여기에서 뮐레케와 아이크만의 관점을 세세하게 비
판하여 반박하려고 하지 않겠다. 하임의 서정시의 본질에 관한
물음에 대해서는 두 관점에 대한 비에타의 비판을 언급하는 것
으로 충분하다: "두 경우에 있어서 내포된 현실 개념은 지나치
게 단순하다. 이 개념은 사회적 집단의 집단적인 경험 형식과

---

79) Vgl., *Ebd.*, S. 55.
80) Vgl., *Ebd.*, S. 55. 비에타는 이 자리에서 하임이 한탄하고 있는 내용의 중요
한 예들을 간결하게 제시하고 있다.
81) C. Eykman, *Die Funktion des Häßlichen in der Lyrik Georg Heyms,
Georg Trakls und Gottfried Benns*, a. a. O., S. 27.
82) *Ebd.*, S. 51.
83) *Ebd.*, S. 52.

이해 형식, 그리고 어떤 시대의 의식 상태를 포괄하지 못한다.
파괴와 종말에 대한 하임의 환시는 현대 문명 세계로부터——현
대 문명의 위력과 단조로움에 의해 억압되어 있기 때문에——빠
져나와 어떤 돌파구를 열어보려는 동경을 담은 언어들을 시대
의 의식에 부여한다. 이것은 개벽에의 요구이다."[84] 아이크만은
또한 시적 주체의 부정성, 현실 비판적인 모멘트로서의 부정성
의 기능, 그리고 언어적 메타포와 그것의 의미 매개 및 의미 형
성 기능을 별로 주목하지 않고 있다. 만약 우리가 하임의 서정
시에 대한 해석상의 이런 문제점들을 그의 대도시 시에 국한시
켜 검토해보면, 릴레케와 아이크만에 대한 비판 자체가 불필요
할 정도이다. 「도시의 신」이나 「도시의 귀신들」을 아이크만이
주장한 대로 '환시적인 탈현실화'로 해석하는 것은 전혀 타당성
이 없다. 두 시에는 최소한 산업화된 풍경을 보여주는 형상들이
두드러지게 눈에 띄기 때문이다.

5. 현대적 현실의 비판으로서의 하임의
대도시 시: 그 역사성과 계몽성

독일에서의 급격한 산업화의 와중에 새로 형성된, 대도시에
의해 대표되는 현대적 문명 세계는 외부 세계를 지각하는 독일
표현주의 시인들의 주체에 혼란과 당혹감을 유발시켰다. 그들은
이처럼 변화된 지각 주체를 통하여 인간에게 낯설며 위압적으
로 다가오는 외부 세계를 부정적으로 인식하는 문명 비판적 주
제 의식, 그리고 이것과 결합된 세계 종말에의 위기 의식을 문
학적으로 형상화시켰다. 대도시적 현실을 치열하게 지각하고 비
판한 하임의 대도시 시는 이런 문학적 형상화의 값진 결과이다.

---

84) S. Vietta/H. G. Kemper, *Expressionismus*, a. a. O., S. 56.

100

이것은 산업 문명에 의해 그 특징을 선명하게 드러내는 '새로운' 현실에 대한 미메시스이다. 하임의 대도시 시는 현대적 현실에 대한 미메시스이며, 이는 곧 현대 문명에 대한 비판이다.

　대도시적 현실을 문명 비판과 세계 종말의 주제 의식을 가지고 비판한 하임의 대도시 시는 역사성과 계몽성의 차원을 지닌다. 대도시의 무분별한 팽창은 오늘날 인류 문명의 최대 위기로 등장한 환경의 대위기를 대도시 공간에서 가속시키고 있으며 교통의 대혼란과 같은 새로운 문제를 유발시키고 있다. 하임은 이미 20세기초에 이런 현실을 선취적으로 인식한 것이다. 이는 역사에 대한 치열한 인식의 결과이다. 대도시적 문명을 비판하고 세계 종말에의 위기 의식을 문학적으로 선취한 하임의 대도시 시는 우리에게 과거 역사에 대한 성찰을 통해 오늘날의 현실을 새롭게 조망하는 계기를 부여하기도 한다. 이는 당시에 이미 인간의 의식에 계몽의 차원을 부여했을 뿐만 아니라, 오늘날의 독자에게도 대도시적 현실에 대해서 반성하게 한다. "예술 작품들의 작용력은 그것들이 자신들의 존재를 통해서 불러오는 회상과 기억에 기인한다."[85] 과거 현실에 대한 적극적 회상에의 동기 부여는 예술 작품이 우리에게 제공하는 계몽의 계기이다. 예술 작품들이 개별 인간에게 계몽의 계기를 부여하고, 대도시적 현실과 같은 부정적 현실을 극복하겠다는 인식이 사회적 공감대를 형성할 때 예술 작품의 존재 가치는 사회적 및 교육적 차원을 획득한다. 특히 대도시에서 전개되는 현대 산업 문명을 비판하고 세계가 종말에 이를 수 있다고 경고한 하임의 대도시 시는 그러한 계몽적 잠재력과 더불어 환경 위기에 직면한 오늘날의 인류에게 대도시의 무분별한 팽창에 대해 깊이 성찰해보도록 유도하고 있는 것이다.

---

85) T. W. Adorno, *Ästhetische Theorie*, a. a. O., S. 359.

참 고 문 헌

텍스트

Heym, Georg, *Dichtung und Schriften. Gesamtausgabe auf Grund des handschriftlichen Nachlasses*, Band 1, Lyrik, Hrsg. von Karl Ludwig Schneider, Hamburg/München, 1964.

2차 문헌

Adorno, Theodor W., *Noten zur Literatur*, 1. Aufl., Frankfurt/M, 1981.

______, *Ästhetische Theorie*, 5. Aufl., Frankfurt/M, 1981.

Baudelaire, Charles, *Les fleurs du mal. Die Blumen des Bösen*, Übersetzt von F. Kemp, Frankfurt/M/Hamburg, 1966.

Benjamin, Walter, "Charles Baudelaire. Ein Lyriker im Zeitalter des Hochkapitalismus," in: *Gesammelte Schriften* I. 2, Hrsg. von R. Tiedemann und H. Schweppenhäuser, Frankfurt/M, 1980, S. 509~690.

Bloch, Ernst, "Diskussionen über Expressionismus," in: H. G. Rötzer(hrsg.), *Begriffsbestimmung des literarischen Expressionismus*, Darmstadt, 1976, S. 94~105.

Dürr, Josef, *Die Expressionismusdebatte. Untersuchungen zum Werk von Georg Lukács*, Diss., München, 1982.

Eykman, Christoph, *Die Funktion des Häßlichen in der Lyrik Georg Heyms, Georg Trakls und Gottfried Benns. Zur Krise der Wirklichkeitserfahrung im Expressionismus*, 2. erw. Aufl., Bonn, 1969.

Friedrich, Hugo, *Die Struktur der modernen Lyrik. Von*

der Mitte des neunzehnten bis zur Mitte des zwanzigsten Jahrhunderts, Hamburg, 1968.

Haarmann, Hermann, "Expressionismus," in: E. Schütz/J. Vogt(hrsg.), *Einführung in die deutsche Literatur des 20. Jahrhunderts*, Band I, Opladen, 1977, S. 239~60.

Habermas, Jürgen, "Die Moderne—ein unvollendetes Projekt," in: Ders., *Kleine Politische Schriften*(1~4), Frankfurt/M, 1981, S. 444~63.

______, *Der philosophische Diskurs der Moderne. Zwölf Vorlesungen*, 1. Aufl., Frankfurt/M, 1988.

Hermand, Jost, *Synthetisches Interpretieren. Zur Methodologie der Literaturwissenschaft*, 11. Aufl., München, 1978.

Heselhaus, Clemens, *Deutsche Lyrik der Moderne. Von Nietzsche bis Yvan Goll*, Düsseldorf, 1961, S. 177~92.

Hoddis, Jakob van, "Weltende," in: K. Pinthus(hrsg.), *Menschheitsdämmerung. Ein Dokument des Expressionismus*, Hamburg, 1983, S. 39.

Holz, Arno, "Phantasus," Hrsg. von G. Schulz, *Bibliographisch ergänzte Ausgabe*, Stuttgart, 1984.

Kayser, Wolfgang, *Das sprachliche Kunstwerk. Eine Einführung in die Literaturwissenschaft*, 5. Aufl., Bern/München, 1959.

Knopf, Jan/Žmegač, "Viktor, Expressionismus als Dominante," in: V. Žmegač(hrsg.), *Geschichte der deutschen Literatur vom 18. Jahrhundert bis zur Gegenwart*, Band Ⅱ/2, 2. unver. Aufl., Königsten/Ts, 1985, S. 413~500.

Kocka, Jürgen, *Lohnarbeit und Klassenbildung*, Berlin/

Bonn, 1983.

Kohl, Stephan, *Realismus. Theorie und Geschichte*, München, 1977.

Korte, Hermann, *Georg Heym*, Stuttgart, 1982.

Lichtenstein, Alfred, "Die Dämmerung," in: K. Pinthus (hrsg.), *Menschheitsdämmerung. Ein Dokument des Expressionismus*, Hamburg, 1968, S. 47.

Lukács, Georg, "Größe und Verfall des Expressionismus," in: H. G. Rötzer(hrsg.), *Begriffsbestimmung des literarischen Expressionismus*, Darmstadt, 1976, S. 19~66.

Mautz, Kurt, *Mythologie und Gesellschaft im Expressionismus. Die Dichtung Georg Heyms*, Frankfurt/Bonn, 1. Aufl., 1961.

Nemec, Friedrich/Solms, Wilhelm(hrsg.), *Literaturwissenschaft heute*, München, 1979.

Riha, Karl, *Deutsche Großstadtlyrik*, München/Zürich, 1983.

Salter, Ronald, *Georg Heyms Lyrik. Ein Vergleich von Wortkunst und Bildkunst*, München, 1972.

Schmitt, Hans-Jürgen(hrsg.), *Die Expressionismusdebatte. Materialien zu einer marxistischen Realismuskonzeption*, 1. Aufl., Frankfurt/M, 1973.

Simmel, Georg, "Brücke und Tür," Essays der Philosophischen, Zur Geschichte, Religion, Kunst und Gesellschaft, Hrsg. von M. Landmann, Stuttgart, 1957, S. 227~42.

Steffens, Andreas(hrsg.), *Nach der Postmoderne*, Düsseldorf/Bennsheim, 1992.

Vietta, Silvio/Kemper, Hans Georg, *Expressionismus*, München, 1975.

Welsch, Wolfgang(hrsg.), *Wege aus der Moderne. Schlüssel-
    text der Postmoderne——Diskussion*, Weinheim,
    1988.

시적 주체성의 객체성

—— 보들레르와 독일 표현주의 시에 있어서
대도시 공간에 대한 시적 형상화의 경우

1. 경험 세계에 대한 시인의 반응 형식

경험적으로 확인 가능한 대상에 대한 시인의 지각 및 인식 능력[1]은 그것이 과거의 작품에서 보여진 것이라 할지라도 현재적 의미뿐만 아니라 미래적 의미까지도 획득한다. 시인에게 지각 및 인식 동기를 제공하는 대상으로서의 경험 세계는 과거·현재, 그리고 미래로 이어지는 틀에서 전개되기 때문이다. 유럽에서 특히 산업 혁명 이래 출현한 대도시 공간은 경험적으로 확인 가능한 외부 세계 중에서도 가장 선명하게 그 특징을 드러내는 세계의 하나이다. 경험적 현실의 구체적 공간으로서의 대도시에 대하여 시인이 반응하는 형식은 일단은 주체적 *subjektiv* 이다. 객체적인 경험 세계에 대하여 반응하는 시인의 행위는 주체적이기 때문에 시적 주체성 *dichterische Subjektivität* 이라는 개념이 성립한다. 시인의 반응 형식은 이처럼 주체성이라는 개념 아래 파악될 수 있지만, 이 논문에서는 주장하려는 논지의 선명한 전개를 위해 시적 주체성이 대도시 공간이라는 객체에 대하여 반응하는 형식을 지각 *Wahrnehmung* 과 인식 *Erkenntnis* 의

---

1) 두 개념을 글쓴이가 어떠한 의미에서 사용하려는가에 대한 설명은 곧 이루어질 것임.

차원으로 구분하여 특히 보들레르와 독일 표현주의 시에 있어서 대도시 시 *Großstadtlyrik*를 분석함으로써 시인의 지각 및 인식 능력이 객체성을 확보할 수 있다는 논리를 보여주려고 한다. 더 나아가 이 논리의 현재적 통용성 및 중요성을 강조하는 것이 이 논문이 의도하는 최종 목표이다.

글쓴이는 지각을 '외부 세계의 대상에 대하여 체험하고 의식하게 되는 것'이라는 개념으로 이해하고자 한다. 그러므로 지각은 그 결정적 특성에 있어서 인간의 심리적 작용에 관련되는 개념이라고 파악될 수 있겠다. 인식은 이 논문에서 '지각의 결과로 포착된 외부 세계의 의미나 내용에 대하여 판단을 행하는 반성적 행위'라는 개념으로 사용된다. 이러한 의미로서의 인식은——철학이 의도하듯이——개념적으로 근거세울 수 있는 진리를 발견하기 위한 목표는 내포하지 않지만, 대상에 대한 가치 판단을 행한다. 요컨대 시적 주체가 현실을 판단하고 비판하는 적극적 행위가 이 논문에서 사용되는 인식의 개념에 부합된다. 개념을 매개로 하지는 않으나 그 본질에 있어서는 철학적 반성에 속하는 시인의 행위가 바로 예술적 인식인 것이다.

경험 세계에 대한 시인의 반응 형식으로서의 지각 및 인식이라는 개념은 이미 언급하였듯이 크게 보아 시적 주체성이라는 개념으로 이해될 수 있다. 시적 주체가 대상에 대하여 느끼며, 그 결과를 표상하여 시의 형식에 이르게 되는 과정을 서정시의 내용이 형성되는 과정으로 이해한 헤겔 Georg Wilhelm Friedrich Hegel은 그 결정적 특징이 주체적일 수밖에 없는 시적 주체의 활동에서 그러나 객체성을 통찰하고 있다. 시적 주체성이 객체성이 되는 조건을 헤겔은 다음과 같이 설명한다: "서정시는, 내용이 주체와 직접적으로 결합하는 것으로부터 내용이 단순히 밖으로 던져진 것에 머물러 있지는 않는다. 서정시는 오히려 내용과 주체의 결합으로부터 대상에 대한 시인의 느낌이 유발할 수 있는 모든 종류의 우연성이 말끔히 제거된 객체를 이루어낸다. 바로 이러한 객체에서——대상에 대한 느낌으로부터가 아니라 느낌 내부에서 자신을 자유롭게 한——시인의 내부에서 우러나오는 정신은 동시에 만족스러운 자의식의 상태에서 자유롭게 자기 자신에게 되돌아오며, 이렇게 함으로써 자기 자신에 머물러 있게 된다. 그러나, 역으로, 위에서 본 객체화는 그것이 기분이나 정열의 주체성을 실제적인 활동이나 행위, 다시 말해서 주체가 자기 자신에게 되돌아오면서 발생하게 되는 행위에서 서술되는 정도로까지 나아가서는 안 된다."[2] 헤겔이 이렇게 이해한 주체성은, 시적 주체와 대상이 자체로서 닫혀진 하나의 개체를 형성하면서도 대상이 이 같은 개체에서 객체적으로 반성될 수 있을 때 객체성을 확보하게 된다. 시적 주체성에 객체성을 부여하는 근거가 되는 것으로서의 이러한 닫혀진 개체를 헤겔은 "정서나 반성의 내면성"으로 이해하며, "이 내면성은 자신의 내부에서 드러나고, 외부 세계에서 반사되며, 묘사되고, 서술되거나 또는 그 어떤 대상에 몰두해 있다"[3]고 보면서 닫혀진 개체에서 시적 주체성과 외부 세계의 중개가 이루어지고 있음을 통찰하고 있다. 아도르노 Theodor W. Adorno도 역시 시적 형상화에 이른 작품에서는 "객체성으로 변모된 주체성"[4]이 객체성을 획득한다고 보았다. 그는 시적 주체가 사회적 전체 주체로서 사회 저변에 흐르는 의식을 대변할 뿐만 아니라,[5] 언어의 형태로서 성립되는 시적 형상화에서 "주체의 자기 망각"[6]에까지 도달할 수 있다는 점을 주장하면서 시적 주체성

---

2) G.W.F. Hegel, *Vorlesungen über die Ästhetik. Dritter Teil, Die Poesie*, Hrsg. von R. Bubner, Stuttgart, 1984, S. 201~02.

3) *Ebd.*, S. 206.

4) T.W. Adorno, *Noten zur Literatur*, Hrsg. von R. Tiedemann, Frankfurt/M, 1981, S. 56.

5) *Ebd.*, S. 58, 126.

6) *Ebd.*, S. 56.

의 객체성 확보에의 근거를 제시하였다. 헤겔과 아도르노의 주장에서 보듯이, 시적 주체성은 객체인 외부 세계와의 관계에서 볼 때 객체적이다. 이렇게 볼 때 외부 세계와 전혀 관련을 맺지 않고 시인의 내부에서 우러나오는 순수한 주체성은 예술의 사회성 및 역사성 획득에 실패할 우려가 높은 것은 자명한 일이다.

2. 객체적 경험 세계로서의 대도시 공간의 형성

신적 총체성의 질서라고 특징지어질 수 있는 서양 중세는 경제적으로는 봉건 경제 체제를 운용함으로써 인간의 경제 활동을 장원이라는 밀폐된 경제적 공간에 제한시키는 메커니즘을 확보하고 있었다. 그러나 이탈리아에서 발흥한 르네상스와 더불어 상업 활동에 있어서 공간 개념의 확대가 이루어지고, 상품이 생산·분배되는 과정에서 경제의 기동성이 출현하게 되었다. 중세 시대와 비교해서 새로운 형태로 전개되는 경제 활동의 중심 무대는 역시 이탈리아의 북부 지방에서 형성된 도시라는 생활 공간이었다. 봉건 경제 체제가 무너지면서 발생한 가내 수공업적 생산 형태가 그러나 공장 생산 형태로 전이되면서 자본주의가 본격적으로 전개됨에 따라 도시는 점점 대형화의 경향을 갖게 되었다. 이 같은 경향은 특히 18세기 중반에 들어 영국에서 본격적으로 펼쳐진 산업 혁명과 더불어 농촌 인구가 도시로 급격하게 이입하게 되면서 더욱 박차를 가하게 된다. 산업 혁명과 궤를 같이하는, 노동력이 특정 공간에 집중되는 현상을 유발하는 공장 생산 형태는 인구의 도시 집중 현상을 더욱 가속화시켜 대도시라는 새로운 생활 공간을 유럽에 출현시키게 한다. 대도시는 객체적으로 확인 가능한 경험 세계의 구체적 모습이 된 것이다. 산업 혁명의 발원지인 영국에서의 런던은 유럽 대도시 형성사에 있어서 그 첫번째 본보기이다. 고대나 중세에 있어서도 물론 도시라는 공간이 존재하였지만 산업 혁명이 유발시킨 대도시 공간은 특히 짧은 기간에 매우 급격하게 형성된 생활 공간이라는 점, 공장 및 공장 지대에 인구가 밀집됨과 더불어 노동력의 조직화를 가능하게 하는 공간이라는 점, 그리고 기술 문명의 종합 전시장이라는 점에서 고대 및 중세의 도시와는 판이하게 다른 특징을 지니고 있다.

영국에서 시작된 산업 혁명은 19세기에 이르러 프랑스에서도 만개하여, 파리는 산업 혁명이 19세기에 도달시킨 정점을 보여주는 대도시를 대표하는 현장이 되었다. 발터 벤야민 Walter Benjamin이 "파리, 19세기에 있어서 세계의 중심 도시 *Paris, Die Hauptstadt des XIX. Jahrhunderts*"[7]라고 표현한 것은 결코 과장된 것만은 아니다.

서양 중세의 해체 이후 전개된 도시의 형성 및 산업 혁명으로 인한 대도시의 발생은 유럽의 서정시에도 직접적인 영향력을 행사한다. 영국의 낭만주의 시인 윌리엄 워즈워스 William Wordsworth가 이미 19세기초에 그의 시 「웨스트민스터 다리 Westminster Bridge」에서 대도시 런던의 모습을 시적 형상화에 이르게 하는 데서 볼 수 있듯이, 산업 혁명과 더불어 새로이 형성된 경험 세계로서의 대도시는 서정시에 있어서 중심 소재의 하나로 자리잡는다. 그러나 파리가 19세기 유럽 대도시를 상징하는 중심 무대가 되었는바, 이 시대의 대도시 문명에 대한 서정시적 형상화에 있어서 정점을 보여준 시인도 역시 프랑스의 샤를 보들레르 Charles Baudelaire이다. 보들레르 이래 유럽 현대시에 있어서 대도시 공간은 시인들에게 부정성 *Negativität* 의 공간으로 지각 및 인식된다. 산업 혁명이 성립시킨 대도시

---

7) Vgl., W. Benjamin, *Das Passagen——Werk*, Hrsg. von R. Tiedemann, Frankfurt/M, 1983(es 1200).

공간이라는 객체적 경험 세계에 대하여 시적 주체성이 어떻게 반응하는가 하는 문제에 있어서 보들레르는 아직도 그 위력을 상실하지 않은 치열성을 남겨놓았다. 그는 대도시라는 소재를 본격적으로 서정시적으로 형상화시켰을 뿐만 아니라, 대도시의 파괴성·폭력성, 대도시에서의 대중의 곤궁함과 비참함 등을 추함 *Häßlichkeit*의 카테고리를 통해 묘사함으로써 현대 유럽 서정시의 전개에서 드러난 결정적 특성 중의 하나인 기술 문명 비판의 주제를 태동시켰다. 보들레르에서 발원과 동시에 거의 정점에 다다른 유럽의 대도시 시는 그러나 독일 표현주의 시에서 가장 특징적으로 그 모습을 드러낸다. 볼프강 로테 Wolfgang Rothe는 "그 어떤 다른 시대에 있어서도 서정 시인들이 그와 같은 지적 치열성과 개인적으로도 당사자가 되어 있다는 내적 동요감을 가지고 대도시의 본질을 포착하고 이를 언어로 되게 하려는 노력을 기울인 적이 없었다"[8]라고 지적하면서 독일 표현주의 시에 있어서 대도시 공간의 중요성을 강조하고 있다. 따라서 대도시 공간은 독일 표현주의 시의 중심 소재이자, 표현주의적 경험 세계의 전형이다. 보들레르의 경우처럼 독일 표현주의 시에서도 급변하는 외부 세계로서의 객체적 현실에 반응하는 표현주의 시인들의 시적 주체성이 서정시적 형상 *lyrische Bilder*에서 퇴적되어 있다. 대도시라는 객체적 경험 세계에 반응하는 독일 표현주의 시인들의 주체성을 거론하기 위해서는 그러나 보들레르를 좀더 살펴보는 것이 필요하다.

<hr>

8) W. Rothe, "Einleitung," in: Ders.(hrsg.), *Deutsche Großstadtlyrik vom Naturalismus bis zur Gegenwart*, Stuttgart, 1981, S.13.

3. 보들레르와 대도시 공간

　보들레르는 유럽에 있어서 현대 서정시의 태동을 알리는 시인이다.[9] 자본주의의 본격적 전개와 궤를 같이하는 근(현)대화 *Modernisierung* 및 합리화의 산물인 기술 문명의 시대에 서정시와 외부 세계의 연관 관계를 시적으로 표현한 시인이기 때문이다. 상품과 기술이 지배하는 사회에서 시적 주체성은 객체적 경험 세계를 어떻게 지각하며, 어떤 표현 수단과 기법 *Darstellungsmitttel und -technik* 을 구사하며, 어떠한 차원의 예술적 인식을 독자에게 매개할 수 있는가 하는 구체적 가능성을 가장 강도 높게 보여준 시인이 바로 보들레르이다. 현대 문명이 인간에게 주는 고통을 알레고리로 표현한 시인이라고 아도르노가 해석하고 있듯이,[10] 보들레르는 대도시에서 중심적으로 전개되는 현대 문명의 황폐성·추악성·폭력성·단조로움 등을 서정시라는 표현 매체를 통하여 예술적 인식에 이르게 한다. 19세기에 있어서는 파리로 대표되는 대도시적 생활 공간이 그 부정성을 특징적으로 드러내기 시작한 시기에 현대 문명에 대한 부정적 시각이 집약적으로 표현된 시집인 보들레르의 『악의 꽃 *Les fleures du mal, Die Blumen des Bösen*』은 외부 세계에 대하여 절망과 고통을 느끼는 인간의 정신적 반응 형식의 산물이다. 에리히 아우어바흐 Erich Auerbach가 "『악의 꽃』의 시인은 그가 살고 있는 시대의 주어진 현실을 증오한다; 그는

---

9) 예술 분야에서의 현대 *die Moderne* 의 개념에 관하여 가장 타당한 이론을 근거세운 것으로 평가받는 벤야민은 바로 보들레르에서 현대성의 기점을 보고 있다. 이 입장은 아도르노가 수용하여 그의 「예술 이론 Ästhetische Theorie」에서 예술적 현대를 설명하는 근거를 이룬다.

10) Vgl., T. W. Adorno, *Ästhetische Theorie*, Hrsg. von G. Adorno/R. Tiedemann, Frankfurt/M, 1981, S. 39.

그 시대의 경향, 진보와 풍요, 자유와 평등을 경멸한다; 그 시대가 즐기고 있는 것들 앞에서 그는 전율한다"[11]라고 해석하고 있는 바와 같이 보들레르는 파리에서 펼쳐진 현대 문명에 대하여 고통과 분노라는 시적 주체성으로 반응하였다. 고통을 불러 일으키는, 주어진 구체적 공간은 바로 대도시인바, 『악의 꽃』의 「파리 풍경 Tableaux Parisiens」[12]에서 보들레르의 시적 주체성이 대도시 공간과 연관되어 표출되고 있다. 예를 들어「일곱 명의 노인들 Les sept vieillards, Die sieben Greise」과 같은 시의 몇 연만 살펴보아도 대도시에서의 군중 *die Masse*의 형성, 처절한 곤궁함, 그리고 대도시 문명에 대한 시인의 고통과 분노가 표현되고 있음을 알 수 있다. 제1련에서는 새로운 경험 세계로 등장한 대도시가 시인에 의하여 지각되고 있다.

군중이 뒤엉켜 붐비는 도시, 꿈으로 가득찬 도시.
밝은 낮에도 유령이 행인들에게 붙어 있는 곳!
비밀스러운 것들이, 마치 수액 흐르듯,
어디에서나 거대한 기둥의 비좁은 통로를 뚫고
새어나온다.

Wimmelnde Stadt, Stadt voller Träume, wo das Gespenst sich am hellen Tag an den Passanten heftet! Wie Säfte durchsickern überall Geheimnisse die engen Kanäle des mächtigen Kolosses.

---

11) E. Auerbach, "Baudelaires 'fleuers du mal' und das Erhabene," in: D. Steland(hrsg.), *Französische Literatur von Beaumarchais bis Camus*, Frankfurt/M, 1969, S. 160.

12) 현대 유럽 서정시에 대한 탁월한 해석 및 연구를 행한 후고 프리드리히는 『악의 꽃』의 구성을 주제별로 6개의 소집단으로 분류하였는데, 「파리 풍경」이 그 중 하나에 해당된다(Vgl., H. Friedrich, *Die Struktur der modernen Lyrik. Von der Mitte des neunzehnten bis zur Mitte des zwanzigsten Jahrhunderts*, Hamburg, 1968, S. 39).

Fourmillante cité, cité pleine de rêves,
Où le spectre en plein jour raccroche le passant !
Les mystères partout coulent comme des séves
Dans les canaux étroits du colosse puissant.[13]

　팽창된 도시에서 군중이 움직이는 모습을 보들레르는 마치 유령과 같은 것으로 표현하는 메타포[14]를 구사함으로써 대도시라는 생활 공간에서 인간의 모습에 대한 충격과 당혹감을 내보이고 있다. “보들레르에 있어서 시적 원리로서의 충격: 파리 풍경에서 보이는, 도시에 있어서 이상스러울 정도로 나타나는 투쟁의 모습은 더 이상 고향이 아니다. 그것은 전시장이며 낯선 것이다”[15]라는 벤야민의 해석은 보들레르가 대도시 공간을 인간에게 충격을 주는 부정적 공간으로 보고 있음을 명쾌하게 지적하고 있다.

　거대한 기둥들에 가려서 드러나지 않을 듯이 보이는 “대도시에서의 비밀스러운 것들”이 그 모습을 드러낸다는 표현은 대도

---

13) 여기에 인용된 연은 프리헬름 켐프Friehelm Kemp의 독어 번역본을 (Charles Baudelaire, *Les fleurs du mal. Die Blumen des Bösen*, Frankfurt/M/Hamburg, 1966, S. 149~59) 글쓴이가 우리말로 옮긴 것임. 원문은 위의 책 S. 149~53을 참조할 것.

14) 글쓴이는 이 개념을 크게 보아 “그림처럼 보이는 표현”으로 이해한다. 실제의 언어로 그림처럼 나타난 것(메타포)에서 이것과 연관되어 있지만 구체적으로 표현되지 않은 의미가 바로 메타포를 구사하는 자가 내보이고자 하는 의미이다. 메타포는 따라서 시의 경우 시인의 의도가 의미 매개 *Sinnvermittlung*의 형태로 독자에게 전달되는 데 중심적 기능을 담당함으로써 시인과 독자 사이의 의미상 의사 소통 *Sinnkommunikation*의 가능성을 형성하는 역할을 수행한다고 본다. 메타포에 관한 입문은 다음의 글을 참조할 것(A. Haverkamp, “Einleitung in die Theorie der Metapher,” in: Ders.(hrsg.), *Theorie der Metapher*, Darmstadt, 1983, S. 1~30).

15) W. Benjamin, “Charles Baudelaire. Ein Lyriker im Zeitalter des Hochkapitalismus,” in: *Gesammelte Schriften* I. 2, Hrsg. von R. Tiedemann und H. Schweppenhäuser, Frankfurt/M, 1980, S. 671.

시의 양적 팽창에 가려서 보이지 않는, 즉 대도시 문명의 이면
에 숨어 있는 부정적 측면에 대한 시인의 지각을 암시하고 있
다. 군중의 움직임도 포착되고 있는바, 이는 유럽의 대도시 시
에서 나타나는 공통적인 특징이기도 하다. 제4련에서 이 시의
화자인 '나'[16]는 새로 형성된 시가지에 들어서는데, 그곳에는
짐을 가득 실은 수레들이 요란스럽게 소리를 내며 굴러다닌다.
급격한 도시화와 더불어 인간의 행동에도 분주함, 기동성 및 속
도감이 붙게 된다. 외부 세계가 이렇게 변화되는 과정의 이면에
는 그러나 도시 빈민과 같은 소외 계층의 형성이 수반된다.

갑자기 한 늙은이가 내 앞에 서 있었네.
노란 누더기는 비 오는 하늘에서
그 빛바랜 색깔을 빌려오는 듯했네.
늙은이가 쳐다보기만 해도
마치 비를 쏟게 하듯이
구호금을 주어야 될 듯싶었네.
늙은이의 눈에서 번쩍이는 것은
악의가 없는 것은 아닌 듯싶네.

Plötzlich stand ein Greis vor mir, dessen gelbe Lumpen
diesem Regenhimmel ihre Färbung entliehen hatten und
dessen Anblick Almosen hätte regnen lassen, wäre nicht
die Bosheit gewesen, die aus seinen Augen funkelte,

Tout à coup, un vieillard dont les guenilles jaunes
Imitaient la couleur de ce ciel pluvieux,
Et dont l'aspect aurait fait pleuvoir les aumones,
Sans la méchanceté qui luisant dans ses yeux.

---

16) 일인칭 화자는 보들레르의 시에서 보이는 특징 중의 하나이다.

　가난과 궁핍에 빠진 노인은 곤궁으로부터 탈피하려고 노력해도 긍정적 가능성을 기대하기 힘들다. 비 오는 하늘에 비유된 누더기에서 곤궁의 이미지를 독자에게 매개한 보들레르는 비를 내리게 하듯이 구호품을 주어야 될 듯싶다는 과장법을 구사함으로써 시적 효과를 극대화시키고 있다. 이와 동시에 노인의 눈에서 보이는 분노를 통하여 외부 현실에 대한 시적 주체성의 반응 형태를 간접적으로 표출하는 기법을 보들레르는 이곳에서 구사하고 있다. 시적 주체성은 제 1 련에서 보이는 지각의 차원에서 대상에 대한 간접적 비판의 차원으로 점차 이동되고 있는 셈이다. 5 련과 6 련에서 그로테스크와 추함의 표현 기법을 이용함으로써 독자를 긴장의 영역에 붙들어놓은 보들레르는 7 련에서 자신의 시적 주체성을 간접적으로 표출하는 것을 정점에 도달시킨다.

> 마치 병든 네 발 짐승처럼
> 두 발과 한 손에 기대어 서 있는 유대인처럼……
> 늙은이는 눈으로 덮여진 더러운 거리를 뚫고
> 있는 힘을 다해서 걷고 있네,
> 죽은 자들을 마치 그의 신발 밑에서 으깨듯이,
> 세상 일을 모른체하지 않는 채,
> 오히려 모든 세계에 대해 증오에 가득차서.

Wie eines kranken Vierfüßlers oder eines Juden auf
　drei Pfoten…… Er stapfte tief durch Schnee und
Schmutz, als ob er Tote unter seinen Schuhn zer-
quetschte, nicht teilnahmlos, nein, auf die ganze Welt
voll Haß.

D'un quadrupéde infirme ou d'un juif à trois pattes.
Dans la neige et la boue il allait s'empêtrant,

Comme s'il écrasait des morts sous ses savates,
Hostile à l'univers plutôt qu'indifférent.

7련의 서두에서 묘사되고 있듯이 더 이상 회생이 불가능한 상태에 처한 노인이 죽은 자들을 마치 으깨듯이 마지막 기력을 다해 걸음을 내딛는다는 것은, 대도시의 형태로 등장한 외부 세계가 인간에게 가하는 고통에 대하여 저항하려는 의지를 표현하고 있다고 해석할 수 있다. 대도시적 현실에 대한 보들레르의 고통과 분노는 세계에 대한 증오에 다름이 아니다. 노인을 통하여 이처럼 시적 주체성을 간접적으로 내보인 보들레르는 이 시의 마지막 연인 11련에서 "내 영혼은/마치 낡은 화물선처럼/춤추면서, 춤추면서/돛대도 없이/황량하고, 배 닿을 해안도 없는 바다에서/방황하네! *Und meine Seele trieb, ein altes Lastschiff,/tanzend, tanzend, ohne Masten, auf wüstem, uferlosem/Meer! Et mon âme dansait, dansait, vieille gebare/Sans mâts, sur une mer monstrueuse et sans bords!*"라고 노래하면서 외부 현실에 대한 자신의 절망감을 직접적으로 표현하고 있다. 이것은 곧 대도시에서 전개되는 현대적 현실에 대한 부정적 경험을 보들레르가 매개하고 있는 것이기도 하며, 이는 현실에 대한 비판에 다름이 아니다. 보들레르가 벤야민의 유명한 해석에 의하여 서구 예술에 있어서 현대성의 기점에 위치하는 시인이 된 것처럼,[17] 우리가 앞에서 간략하게 살펴본 보들레르에 있어서 대도시 소재에서는 현대성이 즉각 확인된다. 이에 대한 후고 프리드리히의 해설을 들어보자: "보들레르는 낭만주의자들과는 전혀 다른 척도에서 현대성의 개념을 숙고하였다. 그것은 매우 복합적인 개념이다. 부정적 시각에서 보들레르는 뿌리 없는 대도시들의 세계, 즉 추함, 아스팔트, 인공적

---

17) Vgl., W. Benjamin, "Charles Baudelaire," a. a. O., S. 570ff.

조명, 돌로 이루어진 협곡과 같은 건물의 모습들, 대도시가 저지른 죄, 사람들이 뒤엉켜 소용돌이치는 것에서의 고독을 지닌 대도시들의 세계를 의도한다."[18] 이처럼 보들레르는 자신의 시적 주체성을 통하여 객체적인 경험 세계에 대하여 반응한 부정적 결과를 예술적 인식의 형태로 매개하는 차원을 보이는 것이다. 시인이 대상을 지각하고, 그 결과를 자신의 내부에서 성찰함으로써 도달 가능한 인식의 차원은 시인의 주체적인 반성 행위 *subjektive Reflexion*이지만, 이 같은 반성 행위가 독자에게 매개되면서 독자도 시인의 행위에 대한 자기 나름대로의 반성 행위를 갖게 되기 때문에 시인과 인식을 공유하게 된다.

　지각은 대상에 대한 감각에 기초한 심리 작용으로 볼 수 있으나, 인식은——예술은 개념을 구사하지 못함에도 불구하고——개념적 차원의 반성 행위이다. 이렇게 보았을 때 보들레르는 「일곱 명의 노인들」에서 대도시적 현실에 대한 지각의 차원, 노인의 행위에 대한 묘사를 통한 시적 주체성의 간접적 표현의 차원, 마지막으로는 자신의 주체성을 내보이는 단계를 구사함으로써 독자를 긴장의 공간에 붙들어둔다. 보들레르는 주체성을 이처럼 점진적으로 표출시키는 기법을 통하여 마침내 독자에게 대도시적 현실에 대한 고통이라는 인식을 매개하고 있는 것이다. 이 인식은 그러나 개념적으로 통용성에의 요구 *Geltungsanspruch*를 제기하지 않으나, 역사적 경험으로서의 가치를 지닌다. 벤야민에 의하면, 이것은 현대성에 대한 알레고리로서의 경험이다: "『악의 꽃』은 산문에서 유래한 단어들뿐만 아니라 도시에서 유래하는 단어들을 서정시에서 처음으로 사용한 것을 보여준 최초의 책이다. 동시에 이 단어들은, 시적 언어들에 입혀진 고색창연한 녹으로부터 자유롭게 된 채, 그 선명한 인상들을 내보이는 것을 결코 회피하지 않는다. 이 같은 인상들은 각

---

18) H. Friedrich, *Die Struktur der modernen Lyrik*, a. a. O., S. 42.

인된 광채를 발하면서 우리의 눈으로 파고든다. 이 단어들은 석유등, 철도 또는 기차를 알고 있다 ; 그것들은 계산서, 가로등, 쓰레기 집하장과 같은 이름 앞에서 움찔하지 않는다. 이렇게 하여 시적 단어가 창조되며, 여기에서 갑자기, 그리고 그 어떤 것에 의해서도 준비되지 않은 채 하나의 알레고리가 출현하는 것이다. 보들레르의 언어 정신이 그 어느 곳에서 붙들어매질 수 있다면, 바로 이처럼 예기치 않게 시적 언어와 알레고리가 부합하는 바로 그곳에서 이루어질 것이다."[19] 벤야민이 알레고리라고 표현한 것은 현대적 경험 세계로서 등장한 대도시에 대한 시인의 고통이 시적 주체성에 의하여 표출되기 때문이다.[20] 보들레르의 고통은 그러나 고통 자체에 머물러 있는 수동성에 귀속되어 있는 것만은 아니다. 그는 특정 이념을 개념적 언어로 제기하는 능동성을 표방하지는 않지만 경험 세계의 부정성이 지양되어야 된다는 인식을 비개념적으로 매개한다. 후고 프리드리히는 이러한 특징을 "공허한 이상성 *die leere Idealität*"이라고 해석하고 있는바, 보들레르의 시는 경험 세계의 부정적인 면으로부터 탈피하여 그 어떤 곳으로 올라가려는 희망을 표현하고 있으나 정해진 목표는 없다. 목표 없는 희망의 정점에는 그러나 죽음이 위치한다 : "보들레르적인 이상성의 정점에는 완전히 부정적이며 내용이 없는 것으로 되고 만 죽음이라는 개념이 자리잡고 있다."[21] 대도시 문명의 황폐함에 대한 부정적 지각과 인식은 죽음이라는 마지막 수단에서 정점에 도달되는데, 이처럼 표현된 시적 주체성은 세계에 대한 절망을 시적으로 절

---

19) W. Benjamin, "Charles Baudelaire," a. a. O., S. 603.

20) 벤야민에 있어서 알레고리 개념은 그의 뛰어난 저작 『독일 비극의 원천 *Ursprung des deutschen Trauerspiels*』에서 상세히 거론된다. 단적으로 말해서, 타락사 또는 재난사로서의 인간의 역사가 인간에게 주는 고통이 마치 암호나 수수께끼와 같은 형태로 출현한 것이 벤야민이 보는 알레고리이다.

21) *Ebd.*, S. 49.

규하면서도 세계 변혁에의 희망을 포기하지 않는 독일 표현주의자들에게서 확인된다. 그 대표적 예를 대도시에서 찾을 수 있는, 경험적으로 확인 가능한 외부 세계의 변화에 대한 부정적 지각 및 비판적 인식은 보들레르에게서 직접적 영향을 받은 랭보 Arthur Rimbaud, 말라르메 St. Mallarme 등과 같은 프랑스 시인들[22]과 홀츠 Arno Holz[23]와 같은 독일 자연주의 시인, 그리고 심지어는 예술 지상주의자를 자처했던 게오르게 Stefan George[24]와 같은 상징주의 시인에게서도 발견된다. 그러나 이미 앞서서 언급하였듯이 서정시의 소재로서의 대도시 공간은 주체성 *Subjektivität*과 현대성 *Modernität*의 문학으로 특징지어질 수 있는 독일 표현주의 시에서 가장 치열하게 시적 형상화의 대상이 된다. 랭보나 말라르메와 같은 동일어권의 시인들에게 직접적이고 결정적으로 영향을 미친 것에 못지않을 만큼 보들레르는 독일 표현주의 시인들에게도 거의 절대적으로 영향을 미쳤다.[25] 보들레르와 독일 표현주의자들이 대도시 공간에 대하여 표출하는 시적 주체성에서는 물론 질적 차이가 감지되지만[26] 대도시적 현실에 대한 부정적 지각, 비판적 인식, 현실 변혁에의 희망이라는 틀은 동일한 구조를 지닌다.

---

22) 자세한 내용은 이미 언급한 프리드리히의 해설을 참조할 것. S. 59~139.

23) 예컨대 그의 시집 『판타수스 *Phatasus*』를 참조할 것.

24) 예를 들어 그의 시 「죽은 도시 Die tote Stadt」를 참조할 것.

25) 이에 대해서는 예컨대 다음의 논문을 참조할 것(C. Eykmann, *Die Funktion des Häßlichen in der Lyrik Georg Heyms, Georg Trakls und Gottfried Benns. Zur Krise der Wirklichkeitserfahrung im Expressionismus*, 2. erw. Aufl., Bonn, 1969).

26) 보들레르의 시적 주체성은, 아도르노의 용어를 빌려 표현한다면 "수동적 능동성 *passive Aktivität*"(vgl., T. W. Adorno, *Noten zur Literatur*, S. 126)으로 해석될 수 있다고 보며, 독일 표현주의자들의 시적 주체성은 적극적 능동성으로 해석 가능하다고 본다. 보들레르는 기존의 세계를 비판적으로 인식하면서도 기존하는 세계와는 다른 세계를 구체적이고도 직접적으로 요구하지 않는 반면에, 표현주의자들은 다른 세계를 적극적으로 요구하기 때문이다.

4. 독일 표현주의적 경험 세계로서의 대도시

I. 시적 주체성에 의한 대도시 공간의 부정적 지각

영국에서 태동한 산업 혁명은 프랑스에서 수용되며, 독일에 이입된다. 산업 혁명을 상징하는 징표라고 볼 수 있는 철도 운송 수단을 1835년에야 비로소 개설할 수 있었던 독일은 산업 혁명의 후발국으로서[27] 가질 수 있었던 강점을 최대로 이용하여 이미 19세기 중엽을 넘어서면서 농업 국가의 틀에서 벗어나게 된다. 특히 순수 기계 공업, 화학 공업 및 전기 공업 분야에서 비약적 발전을 거듭한 독일은 20세기 초반에는 유럽에서 산업 국가로서의 확고부동한 지위를 확보하게 된다. 농업 국가에서 산업 국가로서의 이행 과정에서 대도시는 산업 국가 형성의 중심 무대로서 등장하며, 독일의 경우 그 대표적 예는 베를린이다. 20세기를 바로 눈앞에 둔 시점에서의 베를린의 모습을 자연주의 시인 율리우스 하르트 Julius Hart는 그의 시 「베를린 Berlin」에서 "너, 베를린, 잿빛 대양처럼/네 거대한 몸뚱어리를 펼치는구나 *Endlos ausbreitest du, dem grauen Ozean gleich/den Riesenleib*"[28]라고 표현한다. 급격한 산업화와 더불어 특히 베를린으로 대표되는 독일에서의 대도시 형성은 표현주의 시인들이 경험한 현대 문명의 구체적 공간이 되기에 충분하였다. 대도시는 독일에서의 산업화·도시화 및 기술 문명의 전시장이 된 것이다. 다시 말해 대도시는 "사회사적으로나 표현주의 시인이나 작가들의 전기상으로도 표현주의의 발아"[29]와

---

27) Vgl., H. Plessner, *Die verspätete Nation*, Stuttgart, 1959.

28) J. Hart, "Berlin," in: W. Rothe(hrsg.), *Deutsche Großstadtlyrik vom Naturalismus bis zur Gegenwart*, Stuttgart, 1981, S. 61.

29) H. Haarmann, "Expressionismus," in: E. Schütz/J. Vogt u. a., *Einführung in die deutsche Literatur des 20. Jahrhunderts*, Bd. 1, Opla-

같은 의미를 지닌다. 대도시의 팽창은 필연적으로 농촌 인구의 이탈 *Landflucht* 및 이로 인한 인구의 도시 집중을 유발시킨다. 이미 보들레르의 예에서도 보았지만, 인구의 도시 집중은 군중의 형성, 소외된 도시 빈민층의 발생의 전제 조건이 된다. 아르민 베그너 Armin T. Wegner 처럼 "미친 듯이 빠르게/모든 인간들은 도주하듯이 농촌을 빠져나간다 *in raschender Schnelle/Sind alle Menschen im Land auf der Flucht*"[30]라고 인구의 농촌 이탈을 직접적으로 표현하는 경우뿐만 아니라, 대도시 공간을 소재로 삼은 수많은 표현주의 시들 중에서 최고의 걸작품으로 평가받는 게오르크 하임 Georg Heym 의「도시의 신 Der Gott der Stadt」의 경우처럼 도시의 팽창을 의인화의 기법을 이용하여 초자연적인 힘을 가진 것 *dämonisierende Personifikation* 으로 표현하는, 즉 시적 형상화의 보다 높은 차원을 보여주기도 한다. 의인화와 과장법의 결합이 돋보이는 그의 시 제 1 련에서 독자는 도시 팽창의 괴기스러운 위력을 직감할 수 있다.

집들이 늘어선 블록 위에 도시의 신이 넓게 앉아 있다.
바람은 그의 이마 주위로 검게 포진하고 있다.
도시의 신은 분노에 가득차 쳐다보고,
먼 곳에서 고적하게
도시의 맨 뒤에 위치한 집들은
시골까지 뻗어 있다.

Auf einem Häuserblocke sitzt er breit.

---

den, 1977, S. 239.

30) A. T. Wegner, "Der Zug der Häuser," in: W. Rothe(hrsg.), *Deutsche Großstadtlyrik vom Naturalismus bis zur Gegenwart*, a. a. O., S. 135.

Die Winde lagern schwarz um seine Stirn.
Er schaut voll Wut, wo fern in Einsamkeit
Die letzten Häuser in das Land verirrn.[31]

　이 시의 제 3 련에서는 "수백만 명의 음악이/이 거리 저 거리
에서/굉음처럼 울린다 *dröhnt die Musik/Der Millionen durch
die Straßen laut*"와 같은 인구의 도시 집중을 표현하는 메타
포가 구사되고 있다. 인구의 도시 집중은 교통 수단의 발달, 노
동력의 조직화 및 이에 따른 분업화 등의 현상을 유발하여 속도
감·규칙성·평균성·단조로움·반복성 등등이 도시 생활을 특징
짓는 요소가 된다. 외부 환경의 변화는 도시 생활자들의 심리
상태에도 직접적인 영향을 미친다. 삶의 물량화에 의하여 야기
되는 삶의 질의 변화에 대한 표현주의 시인들의 반응에 앞서서
사회학자이자 철학자인 게오르크 짐멜Georg Simmel은 1907
년에 발표된 그의 유명한 에세이 「대도시와 정신 생활Die
Großstädte und das Geistesleben」에서 변화되는 객체적 경험
세계에 반응하는 도시인들의 심리적 상태를 "외적 및 내적 인
상들의 급격하고도 부단한 변화로부터 야기되는, 신경이 곤두서
는 생활이 상승하는 것"[32]이라고 명료하게 정리하고 있다. 개
인에게 경험적으로 와 닿는, 외부 세계의 급격한 변화에 따른
영혼의 동요는 불안감·당혹감, 외부 세계로부터의 괴리감 등과
같은 심리적 상태로 표출된다. 이러한 현상들은 독일 표현주의
시의 본격적 전개를 알리는 야콥 반 호디스Jakob van Hoddis

---

31) G. Heym, *Dichtung und Schriften. Gesamtausgabe auf Grund des
　　handschriftlichen Nachlasses*, Band 1, Lyrik, Hrsg. von K. L. Schnei-
　　der, Hamburg/München, 1964, S. 192.

32) G. Simmel, "Die Großstädte und das Geistesleben," in: Ders., *Brücke
　　und Tür. Essays des Philosophischen. Zur Geschichte, Religion,
　　Kunst und Gesellschaft*, Hrsg. von M. Landmann, Stuttgart, 1957. S.
　　228.

의 「세계의 종말 Weltende」에서 두드러지게 확인된다. 이 시의
제2련을 보기로 하자.

> 폭풍이 밀려온다. 사나운 바다가 껑충 뛰며
> 육지로 올라와 두꺼운 제방들을 짓누른다.
> 대부분의 사람들은 코감기를 앓고
> 기차들은 철교들에서 추락한다.

> Der Sturm ist da, die wilden Meere hupfen
> An Land, um dicke Dämme zu zerdrücken.
> Die meisten Menschen haben einen Schnupfen.
> Die Eisenbahnen fallen von den Brücken.[33]

대재난의 도래를 상징적으로 알려주는 듯한 폭풍이나 사나운
바다 등과 같은 메타포를 통하여 호디스는 산업화가 출현시킨
문명 체계에 대한 시인의 당혹감과 두려움을 표출하고 있다. 코
감기를 앓는 사람들의 모습은 외부 세계의 급변에 적응을 못 하
는 주체의 상태를 상징하는 것에 다름이 아니며, 기차의 추락을
독자에게 간접적으로 경험시키는 메타포에서는 대재난과 연관
된 불안감이 지각되고 있다. 경험 세계의 급변에 대한 시적 지
각 주체의 이 같은 반응 형식들은 급변의 구체적 현장인 대도시
공간과 이 공간에서 중심적으로 전개되는 기술 문명이 대재난
을 야기시킬 수 있음을 보여주고 있다. 위협적인 상황에 대한
시인의 반응 형식은 그러나 아직은 간접적 차원에 머물러 있다.
그럼에도 불구하고 세계의 종말을 독자에게 간접적으로 지각시
키는 시적 주체성은 이미 객체성을 확보하기에 충분하다. 이 시
에서도 이미 명증하게 드러나고 있는 것처럼, 산업화 및 도시화

---

33) J. v. Hoddis, "Weltende," in: K. Pinthus(hrsg.), *Menschheitsdämme-rung. Ein Dokument des Expressionismus*, Hamburg, 1964, S. 39.

와 더불어 전개되는 기술 문명은 표현주의 시인들이 외부 세계
를 지각하는 데 있어서 중심 대상이 된다. 그 대표적인 예는 대
도시 공간과 기술 문명이 불가분의 연관 관계를 맺고 있음을 보
여주는 게오르크 하임의 8편으로 이루어진「베를린」연작시들
이다. 산업화된 외부 세계에 대한 구체적 묘사가 가장 특징적으
로 드러나는「베를린 Ⅱ」의 제2련을 보면 기술 문명이 야기시
킨 부정적 현상에 대해 시인의 지각 주체가 어떻게 반응하고 있
는가를 알 수 있다.

> 악대와 더불어 두 대의 기선이 왔다.
> 다리의 아치에 이르자 굴뚝에서 내뿜는
> 연기가 잘려나갔다.
> 제혁 공장들에서는 갈색 모피들이 더러운 파도처럼 출렁이고
> 그 위에 연기, 그을음, 악취가 있었다.

> Zwei Dampfer kamen mit Musikkapellen.
> Den Schornstein kappten sie am Brückenbogen.
> Rauch, Ruß, Gestank lag auf den schmutzigen Wogen
> Der Gerbereien mit den braunen Fellen.[34]

　자연이 산업화에 의하여 오염되고 더러워지는 현상[35]이 곧바
로 확인될 수 있는 이 연에서 기술 문명이 유발시킨 생활 공간
의 변화에 대한 시인의 부정적 시각이 드러난다. 산업화를 결정
적으로 상징하는 기선 및 공장 굴뚝과 결합된 먼지, 그을음, 악
취의 메타포는 기술 문명에 대해 부정적으로 반응하는 시적 주
체성이 독자에게 부정성에 대한 지각을 매개하는 데 성공하고
있음을 보여주고 있다.

---

34) G. Heym, *Dichtungen und Schriften*, a. a. O., S. 58.
35) Vgl., K. Riha, *Deutsche Großstadtlyrik*, München/Zürich, 1983, S. 75.

밀폐된 특정 공간에 노동력을 집중시키는 공장 생산 방식은 그것의 대량화와 더불어 농촌 인구의 도시 이입을 유발시켰다. 대도시는 노동력을 공장 생산 형태로 조직시키는 데 있어서 중심 무대가 되며, 산업화가 진행되는 와중에서 빈민층이 형성되는 현장이 된다. 대도시는 군중과 빈민층의 형성의 현장이 됨과 동시에 산업화된 외부 세계가 대도시라는 밀폐된 공간에서 거대한 사물 세계 *Dingwelt* [36]로 출현하면서 개인으로서 존재하려는 개별 개인의 동질성 확보를 위협하는 원인을 제공한다. 산업화 및 도시화의 결과로 출현한 새로운 경험 세계로서의 대도시는 인간이 외부 세계로부터 소외되는 현상까지 야기시킨다. 예를 들어 게오르크 하임의 「시 외곽지 Die Vorstadt」의 제 6 련을 보면 도시 빈민의 처참함이 시인에게 어떻게 지각되고 있는가를 읽을 수 있다.

저 밑에 있는 무기력한 늙은 남자들은,
그들의 욕구조차
늙은 여자들에게서 없애버리고,
꺼질 듯한 램프 빛에서 희미한 모습만 보일 뿐,
썩은 요람으로부터는 수척한 아이가 울부짖는 소리
시든 가슴을 향해 항상 울려퍼진다.

Bei alten Weibern löschen ihre Lust
Die Greise unten, trüb im Lampenschimmer,
Aus morschen Wiegen schallt das Schreien immer

---

36) 글쓴이는 이 개념을 '조직된 사회의 형태로 나타난 것의 총체'로 이해한다. 여기에서 사회는 2 명 이상의 개인으로 이루어진 집단을 의미하며, 사물 세계라는 개념은 개별 개인이 이 세계에 속하고 이 세계의 작동에 관련되어 있으면서도 이 세계에 의하여 마치 물건과 같은 것으로 취급된다는 사실에서 그 특징이 선명하게 드러난다.

Der magren Kinder nach der welken Brust.[37]

산업화와 도시화의 와중에서 소외된 계층의 비참한 생활상이 시인의 지각 주체에 의하여 포착되고 있다. 비참함에 대한 적극적 비판은 간접적으로 표출되고 있으나, 시적 주체성이 대상에 대한 분노의 형태로 직접적으로 표출되는 데에 이르지는 않고 있다.

이제까지 우리는 급격한 산업화와 더불어 새로 형성된 대도시 공간이 시인들에게 어떻게 지각되는가를 살펴보았다. 대도시의 발생 및 군중의 형성에 대한 지각, 도시 팽창과 더불어 전개되는 기술 문명에 대한 당혹감·괴리감·불안감의 간접적 표출, 더 나아가 대도시 공간에서 새로 형성된 도시 빈민에 대한 부정적 지각이 확인되었다. 우리는 이제 시적 주체성이 지각을 넘어서서 주체성의 적극적 표출을 통한 비판에 이르게 되는 차원에서는 예술적 인식이 거론될 수 있다는 것을 검토할 때가 되었다. 비개념적으로 행해지는 대상에 대한 예술적 판단 작용의 객체성을 역사적 경험으로 비판적으로 인식하기 위해서는 체험이나 의식하게 되는 것을 넘어선, 반성적 행위인 인식의 차원이 논의되어야 되기 때문이다. 지각에 기초하지 않는 인식은 대상에 대한 충실한 지각을 통해서 가능해지는 객체성의 확보에 실패할 우려가 있으며, 인식에 이르지 않는 지각은 시적 주체성이 지각을 통하여 성취한 객체성이 역사성을 확보하는 수준에 도달하지 못하는 원인으로 작용할 수 있다. 경험 세계에 대한 지각의 결과는 작품이 씌어진 시대뿐만 아니라 미래에 대해서도 독자에게 반성적 행위를 매개할 때 역사성을 획득하게 되는바, 역사성은 시적 주체성에 의하여 표현된 세계에 독자도 깊게 관련되어 있다는 의식을 시적 주체성이 독자에게 보다 강력하게

---

37) G. Heym, *Dichtungen und Schriften*, a. a. O., S. 133.

매개할 때[38] 가능해진다. 그 수단은 시적 주체성의 직접적 표출이며, 이러한 직접성은 경험 세계에 대한 지각에 기초를 둔 경험 세계에 대한 비판에서 그 정당성을 획득한다. 특정 제도가 요구하는 이념과 의도적으로 결합된 시적 주체성은 이미 시적 주체성으로서의 가치를 상실하며, 위와 같은 주체성이 행하는 비판은 비판으로서의 정당성을 획득할 수도 없을 뿐만 아니라 역사성도 보유하지 못한다. 경험적으로 확인 가능한 외부 세계에 대한 충실한 지각이 비판과 연결되면서 독자는 시적 주체성이 매개하는 역사성의 장에 들어설 수 있으며, 바로 여기에서 과거·현재, 그리고 미래의 역사적 현실에 대한 반성 행위에 도달하게 되는 것이다. 대도시적 현실, 즉 산업화가 유발시킨 문명 체계에 대한 보들레르의 고통과 분노는 현재의 독자에게도 비판적 성찰을 매개하며, 이 같은 잠재력은 미래의 독자에게도 해당될 것이다. 이와 마찬가지로, 독일 표현주의 시인들이 현실을 비판적으로 인식한 결과의 산물인 대도시 시도 '문명 비판 *Zivilisationskritik*'과 '세계의 종말 *Weltuntergang*'으로 정리될 수 있는 독일 표현주의 문학의 주제에 일치되는바, 바로 두 가지의 핵심 주제를 역사성의 장으로 끌어올리는 직접적 동인은 비판을 함유하고 있는, 독일 표현주의자들의 시적 주체성이다.

II. 시적 주체성에 의한 대도시 공간의 비판

우리가 비판적 인식의 근거로 제시했던 것은 시인이 외부 세계에 대하여 적극적으로 표출하는 주체성이다. 간접적 관찰자로서 대도시 공간에 대하여 부정적 시각을 내보이는 것은 우리가 '의식하고 체험하게 되는 범주'로 이해한 지각의 개념에 해당되

---

38) 그렇다고 해서 마치 사회주의적 리얼리즘이 의도하듯이 특정 제도에 맞춰진 특정 이념을 독자에게 강요하는 형식이 되어서는 안 된다. 이러한 형식은 특정 제도가 추구하는, 역사성이라는 미명으로 치장된 이데올로기를 통해 반성적-비판적 성찰의 장인 진정한 의미의 역사성을 말살하는 결과를 유발한다.

나, 대도시 공간에서 전개되는 부정적 현상에 대한 직접적 비판은 가치 판단을 적극적으로 제기하는 반성적 인식 행위에 속한다. 「일곱 명의 노인들」의 마지막 연에서 보들레르가 자신의 주체성을 직접적으로 표출하여 독자를 대도시적 현실에 대한 비판의 장(場)으로 적극적으로 끌어들이고, 이렇게 함으로써 현실에 대한 반성 행위에 독자가 동참하는 것을 유도하듯이, 독일 표현주의자들도 자신들의 시적 주체성을 통하여 대도시적 현실을 직접적으로 비판함으로써 대도시적 현실의 부정성을 독자도 인식하도록 요구하고 있다. 직접적 비판의 강도가 강하면 강할수록 인식에의 요구가 증대된다. 그러나 비판을 행하는 주체성이 언어의 형태로 표현되었을 때, 이 언어가 시적 언어의 특징인 메타포로부터 멀어지면 멀어질수록 비판은 주체성이 야기하는 폭력에 가까워질 뿐만 아니라, 인식에의 요구는 인식에의 강요에 근접하게 된다. 시적 메타포는 개념이나 논리에 의한 근거세움을 통하여 그 통용성을 제기할 능력이 없기 때문이며, 오로지 자신이 내보이는 형상물에서 시적 주체성이 인식한 결과를 독자에게 전달할 수 있을 뿐이기 때문이다. 개념적으로 강요된 인식으로 독자에게 다가오지도 않으면서도 형상물로 출현하면서 인식에의 요구를 제기하는 능력을 보이는 곳, 바로 그곳에서 시적 주체성에 의한 대상 인식은 예술적 인식의 정당성을 확보한다. 정당성 확보의 근거는 서정시가 지니는 주체적 특성이며, 이 특성은 개념이나 논리에 의한 근거세움과 같은 수단을 통하지 않고도 인간에게 설득력을 제공하는 능력을 보유한다. 이 능력의 원천은 개념어가 구사할 수 없는, 다시 말해 시적 언어만이 시도할 수 있는 표현에의 다양한 가능성에서 유래한다. 특히 추함이나 그로테스크의 표현 기법에서 보이는 것처럼 독자에게 충격을 가하는 메타포와 결합되어 표출되는 시인의 분노와 고통은 '대도시에서 전개되는 기술 문명은 파괴적이기 때문에 나에게 고통을 준다'라는 논리적 서술이 획득할 수 있는 설득력을 훨씬 뛰어넘어서 독자에게 분노와 고통을 경험시켜준다. 이것이 바로 표현에 있어서 주체적일 수밖에 없는 시적 언어가 획득하는 객체적 설득력이다.

우리가 부정적 지각의 범주에서 살펴보았듯이 산업 혁명이 유발하는 농촌 인구의 이탈 및 도시 이입으로 급격히 형성된 대도시 공간은 인간에게 위압적으로 다가오는 거대한 힘을 지닌 공간이다. 엄청난 도시 팽창 및 산업화, 군중의 형성 등의 메타포가 신화화 *Mythologisierung*, 의인화 *Personifikation*, 초자연적인 힘을 가진 것으로 표현하기 *Dämonisierung* 및 과장법과 같은 표현 수단과 기법을 통하여 시적 형상화에 성공적으로 도달되고 있는 것을 보여주는 게오르크 하임의 「도시의 신」[39]의 마지막 연에서는 시인의 주체성을 대리하여 간접적 화자의 역할을 담당하는 '도시의 신'이 대도시 공간에 대하여 직접적으로 분노를 터트린다.

> 도시의 신은 불끈 쥔 주먹을
> 어둠 속으로 찌른다.
> 그는 주먹을 힘차고도 짧게 움직인다.
> 불바다가 거리를 따라 서두르듯이 흐른다.
> 이글이글 타는 불이 요란스럽게 움직이고,
> 아침 해가 뜰 때까지 거리를 삼켜버린다.

> Er streckt ins Dunkel seine Fleischerfaust.
> Er schüttelt sie. Ein Meer von Feuer jagt

---

39) 「도시의 신」에서 구사되는 위의 표현 수단 및 기법에 관한 간단한 설명 및 해석은 다음의 자리를 참조할 것(S. Vietta/H.G. Kemper, *Expressionismus*, München, 1975, S. 49ff.). 이 문제에 대한 상세한 논의는 이 책에 실린 논문 「산업 문명과 현대적 현실」을 참조할 것(pp. 70ff.).

Durch eine Straße. Und der Glutqualm braust
Und frißt sie auf, bis spät der Morgen tagt.

　거대한 규모로 팽창된 대도시의 밤의 공간을 “불바다”와 같은 과장법을 통해서 독자에게 지각시키는 효과와 결합된, ‘도시의 신’이 불끈 쥔 주먹으로 표출하는 주체성은 시인에게 위력으로 다가오는 대도시의 밤의 공간에 대한 시인의 비판적 인식이 노출된 것에 다름이 아니다. “불바다가 거리를 따라 서두르듯이 흐른다”와 같은 메타포에서는 대도시의 밤의 공간에 대한 지각 효과를 극대화시키고 있다. 여기에 시적 주체성에 의한 직접적 판단 행위는 내포되어 있지 않으나, 시인의 주체성을 대리하는 ‘도시의 신’이 대도시의 밤의 공간에 대하여 터트리는 분노는 판단적 행위에 속한다. 대상에 대한 인식을 포함하고 있는, 시적 주체성이 매개하는 판단적 행위는 그러나 그것이 개념적으로 근거세워진 진리로 통용되기를 주장하지는 않는다. 다만 독자에게 인식을 매개하여 독자로 하여금 대상에 대한 반성과 판단에 동참하도록 유도하고 있을 뿐이다.

　「도시의 신」에서의 시적 주체성이 매개하는 인식은 직접적으로 표출되고 있긴 하지만 ‘도시의 신’이 시인의 인식 주체를 대리하고 있는 형태를 취하고 있는 반면에, 시인의 인식 주체에 의한 직접적 비판의 형식도 독일 표현주의 시인들에게서 일반적으로 나타난다. 시적 주체성을 표출하는 데 있어서 전자가 간접적 형식의 직접성이라면, 후자는 직접적 형식의 직접성에 해당된다. 후자의 결정적 예를 우리는 요하네스 베허 Johannes R. Becher에서 볼 수 있다. 대도시를 지옥, 타락의 끝, 감옥, 죽음의 공간 등과 같은 극단적 부정성의 공간으로 표현함으로써 이미 시적 주체의 직접적 형태인 ‘나’를 등장시키지 않고도 독자에게 대도시 공간에 대한 부정적 지각 및 비판적 인식까지를 매개한 「고통의 도시 I Die Stadt der Qual I」과 같은 장시에서 베허는 시의 끝부분에 이르러 자신의 시적 주체성을 최고조에 도달시킨다. '고통의 도시'를 '너'로 부른 시적 주체는 이제 자신이 '고통의 도시'임을 절규하면서 대도시가 주는 고통에 대하여 분노를 터트린다.

"……나는 고통의 도시…… 다른 도시들의 고통들이
내가 갇힌 감옥의 감방들에 들어와 있네.
내가 갇힌 깊고 깊은 감옥에는
모든 고뇌가 쇠사슬에 묶인 채
고통에서 빠져나오려고 몸부림치네.
내가 갇힌 감방들의 둥근 지붕들에서
신의 은총이 아치를 그리네.

나는 고통의 도시…… 현세의 피조물은
나에게 들어와서 먼지가 되고,
마치 타는 유황 속의 파리떼처럼.
나는 저주하기로 맹세하여 갈기갈기 찢겨 있고.
꿈을 노래하는 짧은 선율에서
무력감들이 나를 졸리게 하네.

나는 고통의 도시…… 저주가 내 이마에 붙어 있고,
그래도 언젠가는 제물의 피를 받는 접시에 받쳐져
높이 올라가 있을 것이네
성찬에까지…… 얼굴의 주름진 고랑을
떨어지는 성좌에서
백합과 같은 손으로 어루만지는 신이 차린 성찬에까지.

"……Ich bin die Stadt der Qual…… Die Schmerzen anderer Städte

Sind in den Zellen meines Kerkers eingezogen.
In meinem tiefsten Bau ringt alles Leid verkettet.
Aus meinen Kuppeln widerstrahlt der Gnade Bogen.

Ich bin die Stadt der Qual …… die irdische Kreatur
Zersträubt in mir, wie Fliegenschwarm in Schwefel.
Ich bin zerfetzt ganz von der Verdammung Schwur.
Ohnmachten mich in kurzer Lieder Träume schläfern.

Ich bin die Stadt der Qual …… Fluch klebt an meiner
Stirne,
Doch werde ich einst auf Flammenteller hochgereichtet
Zu Gottes Speise …… der gefallenem Gestirne
Mit Lilienhand die Furche aus dem Antlitz streichet.[40]

시인은 실제로 감옥에 갇혀 있는 것은 아니다. 도시가 주는 온갖 고통이 시인의 내부 세계로 들어와 마치 시인 자신이 감옥에 갇혀서 도시가 주는 모든 고통과 투쟁하고 있는 모습을 보여주고 있다. "모든 고뇌가 쇠사슬에 묶인 채/고통에서 빠져나오려고 몸부림치네"나 "나는 저주하기로 맹세하여 갈기갈기 찢겨 있고"와 같은 표현에서는 도시에 대한 시인의 증오감이 극단적으로 표출되고 있다. 이러한 극단적 주체성이 독자에게 대도시적 현실에 대한 시인의 비판에 동참하도록 유도할 수 있는 저력은 역시 대도시의 폭력성·파괴성·추악성·잔인성 등등을——1련에서 18련에 걸쳐 펼쳐지는——극도의 부정적 메타포를 구사함으로써 독자에게 지각시키는 시적 언어의 능력에 근거한다. 시인의 주체성은 그러나 마지막 연인 21련에서는 고통으로부터

---

40) J. R. Becher, "Die Stadt der Qual I," in: W. Rothe(hrsg.), *Deutsche Großstadtlyrik vom Naturalismus bis zur Gegenwart*, a. a. O., S. 149~50.

벗어나서 종교적 구원에 도달하려는 의지를 명백하게 나타내고
있다. 1런에서부터 18런에 이르기까지 대도시의 공간을 저주
받은 공간으로 형상화시킴으로써 독자에게 대도시 공간에 대한
부정적 지각을 충분히 매개시킨 후에 시인이 자신의 주체성을
이처럼 명백히 표출시키는 것은 자신의 판단이 개입된 비판적
반성 행위를 독자에게 알리고자 함에 다름이 아니다. 시인은 자
신의 판단이 독자에게 인식되도록 독자를 간접적으로 설득하고
있는 셈이며, 설득은 대도시적 현실의 부정성을 극복해보고자
하는 의지에 독자가 동참해주도록 하는 것을 향하고 있다. 독자
를 판단과 반성의 장에 끌어들일 수 있는 설득 행위가 가능해지
는 까닭은, 대도시적 현실에 대한 부정적 지각이 획득하는 객체
성의 토대 위에서 비판적 인식이 이루어졌기 때문이다. 독일 표
현주의자들의 시적 주체성이 구사하는 다양한 표현 가능성, 예
컨대 추함, 그로테스크, 과장, 섬뜩함을 불러일으키기, 낯설게
하기 등등과 같은 수단과 기법이 유발시키는 충격 주기는 또한
예술적 인식이——개념적 인식에 비해서——더욱 강도 높은 설
득력을 획득하는 데 근간을 이루게 된다. 바로 이와 같은 맥락
에서 시인이라는 인식 주체의 주체성에 머물러 있는, 시인에게
있어서 종교적 구원에의 염원이 객체적 통용성을 획득할 수 있
게 되는 계기가 마련된다고 볼 수 있다.
　대도시가 인간에게 가하는 고통 및 이에 따른 인간의 분노
와 결합되어 표출되는 시적 주체성의 직접성은 알버트 에렌슈
타인 Albert Ehrenstein 의 「빈 Wien」과 같은 시에서 도시에 대
한 극단적 증오감이 최고조에 달한 것을 보여주는 형태로 드러
난다.

　　내가 너희들에게 요청하노니, 도시를 파괴해버려라,
　　내가 너희들에게 요청하노니, 도시들을 파괴해버려라 :

134

내가 너희들에게 요청하노니, 기계들을 파괴해버려라.
미친 듯이 뻗어 있는 레일들을 깨뜨려 부숴버려라!
너희들이 있는 곳은 신성이 모독된 곳,
너희들이 알고 있는 것은 북쪽의 황무지와 같은 것,
거기에는 태양도 죽어 있는.

Ich bitte euch, zerstöret die Stadt,
Ich bitte euch, zerstöret die Städte:
Ich bitte euch, zerstört die Maschinen.
Zerreißet alle Wahnschienen!
Entheiligt euer Ort,
Euer Wissen ist nördliche Wüste,
Darin die Sonne verdorrt.[41]

제1련에서 "빈은 페허 속에서 울고 있다 *Wien weint hin im Ruin*"라고 표현함으로써 이미 대도시 빈에 대한 부정적 시각을 드러낸 시적 주체는 2련과 3련에서 "늙고 냉혹한 창부, 묘비로 쌓은 담벽, 가난한 자들에게는 결코 다가서지 않는 제국, 한때 숲이었던 것이 재가 된 인간에게 높은 곳으로부터 가라앉는 곳" 등에서 보이는 것과 같은 극도로 부정적인 대도시상을 독자에게 지각시킨 후, 4련에서 "나는 도시에 대한 비탄을 외치노니,/나는 도시에 대한 비탄을 외치노니,/재와 종이 쪽지를 위해/숲을 망각한 도시의 본성에 대해 통탄하노니! *Ich rufe Wehe über die Stadt,/Ich rufe Wehe über das Wesen,/Das um Asche und Papier/Den Wald vergessen hat!*"라고 절규하면서 자신의 주체성을 명백하게 내보인다. 이렇게 명백하게 표출된 주체성은 위에서 인용된 9련에서 거의 정점에 도달

<hr>

41) A. Ehrenstein, "Wien," in: W. Rothe(hrsg.), *Deutsche Großstadtlyrik vom Naturalismus bis zur Gegenwart*, a. a. O., S. 173~74.

한다. 인용된 연에서 보이는, 극단적으로 노출된 주체성은 도시를 파괴해야 된다는 절박감에 대하여 독자에게 절박하게 판단을 요구하고 있다. 절박감의 강도는 "나는 너희들에게 요구하노니"라는 직접적 표현이 반복되는 데서 쉽게 확인된다. 도시 문명을 구축한 사람들을 겨냥한 것으로 보이는 '너희들'이라는 표현을 이용하여 에렌슈타인은 도시 문명이 존재하는 곳과 도시 문명이 쌓아올린 지식을 강도 높게 비판하면서 도시 문명에 대한 독자의 비판적 인식을 유도하고 있다. 이렇게 극치에 다다른 주체성은 마지막 연에서 "나는 너희들에게 긴급히 요구하노니, 도시를 짓밟아 깨뜨려버려라 *Ich beschwöre euch, zerstampet die Stadt*"와 같은 더욱 강도 높은 표현을 구사함으로써 독자에게 도시 문명에 대한 증오심에 대하여 판단과 비판을 행하도록 적극적으로 설득하고 있다.

이러한 설득은 기술 문명인 도시 문명이 야기시킬 수 있는 파국이나 종말에 대한 경고의 의미도 내포하고 있다. 주제의 깊이와 표현의 천재성 및 치열성에서 불후의 작품들을 남김으로써 독일 표현주의 문학의 정점에 위치하고 있는 게오르크 트라클 Georg Trakl은 베허나 에렌슈타인에서 보이는 것처럼 강도 높은 주체성을 직접적으로 내보이지는 않지만 예컨대 그의 시 「밤 Der Abend」에서 도시를 "소멸해가는 종족이/냉혹하고도 사악하게 사는 곳,/아무것도 모르는 무구한 자손에게/어두운 미래가 준비되는 곳 *Wo kalt und böse/Ein verwesend Geschlecht wohnt,/Der weißen Enkel/Dunkle Zukunft bereitet*"[42] 이라고 외침으로써 '세계의 종말'이 준비되는 현장으로서의 도시 공간의 부정성을 독자에게 인지시킨다. 트라클은 적극적으로

---

42) G. Trakl, "Der Abend," in: Ders., *Das dichterische Werk. Auf Grund der historisch-kritischen Ausgabe von W. Killy und H. Szklenar*, München, 1980, (dtv), S. 90.

설득하고 있지 않지만 베허나 에렌슈타인은 우리가 지금까지 살펴본 비판에 동참하도록 유도하는 적극적 설득력을 통하여 대도시에서 전개되는 문명 체계는 파국에 빠지고 말 것이며, 따라서 세계가 종말에 이르게 될 것이라는 점을 경고하고 있는 것이다.

앞에서 다룬 세 명의 시인들의 대도시 시로부터 부분적으로 인용된 연들만 살펴보아도 즉각 확인할 수 있는 것처럼, 시적 주체성은 대도시 공간이 급격히 팽창함으로써 인간에게 위압적으로 다가오는 공간, 감옥이나 지옥과 같은 공간, 가난한 자들에게 고통을 주는 공간, 저주받은 공간이라는 점을 독자가 비판적으로 인식하게끔 독자를 판단과 반성의 장으로 끌어들이고 있는 것이다. 루카치가——기계적이고도 도식적인 요소를 많이 지니고 있는 그의 리얼리즘론을 독일 표현주의 문학에 적용하여——독일 표현주의자들의 주체성을 객관적·법칙적으로 인식 가능한 객체적 현실의 구체적 모순과의 대결로부터 회피한, 즉 가상적인 행동성 *Scheinaktivität*[43]이라고 맹비난하고 있음에도 불구하고, 표현주의 시인들이 내보이는 주체성은 기술 문명이 불러올 수 있는 파국에 대해 예술적 인식을 제공하는 밑거름이 되고 있다. 대도시적 현실의 부정성에 대한 인식에의 요구는 고통과 분노를 불러일으키는 대도시적 현실에 대한 비판에의 동참을 의미한다. 산업화와 더불어 전개되는 대도시 공간은 "현대 문명의 정점"[44]이 모습을 드러내는 현장이다. 이렇게 보았을 때 독일 표현주의 시의 두 가지 결정적 주제 중의 하나인 '문명 비판'은 독자에게 대도시에서 펼쳐지는 현대적 현실에 대

---

43) Vgl., G. Lukács, "Größe und Verfall des Expressionismus," in: H.G. Rötzer(hrsg.), *Begriffsbestimmung des literarischen Expressionismus*, Darmstadt, 1976, S. 19ff.

44) H.G. Kemper, *Vom Expressionismus zum Dadaismus. Eine Einführung in die dadaistische Literatur*, Kronberg/Ts, 1974, S. 35.

한 비판적 성찰을 요구하고 있는 셈이다. 비판에의 요구는 부정적 현실이 고통으로 다가와도 이 현실을 극복하려는 희망을 버리지 않았음을 의미한다. 따라서 독일 표현주의 시인들의 시적 주체는 "고통을 받으면서도 희망을 갖는"[45] 주체인 것이다. 부정적 현실에 대한 부정과 비판, 그리고 희망에의 성찰이 주체적임에도 불구하고 객체성을 획득하고 있는 것은, 경험적으로 확인 가능한 대도시 공간에 대하여 시적 지각 주체가 부정적 지각을 독자에게 전달하는 데 성공하고 있을 뿐만 아니라, 부정적 지각이 비판적 인식과 결합되고 있기 때문이다.

5. 예술적 인식의 현재적 통용성 및 중요성

보들레르와 독일 표현주의자들의 대도시 시의 분석에서 우리는 시적 주체가 행하는 경험 세계에 대한 지각 및 비판이 객체성을 획득할 수 있음을 보았다. 그러므로 예술에는 과거 역사에 대한 경험이 퇴적되어 있다. 이 경험은 역사적 의미를 지닌다. 이러한 가치가 획득되는 근거는, 예술이 역사적 현실과 맞부딪치면서 현실을 자신의 형식에 담아 예술 수용자에게 인식시켜 주기 때문이다. 예술의 형식은 아도르노가 말한 대로 예술이 문명에 참여한 결과로서 출현한다.[46] 대도시는 인류 역사상 인간에게 가장 결정적 영향력을 행사한 산업화가 전개된 구체적 공간으로서 기술 문명의 위력과 파괴성, 공장제 생산 형태에 맞춰진 노동력의 관리 및 이에 따른 노동 구조가 유발하는 계급간의 갈등, 소외된 계층으로서의 도시 노동자 및 도시 빈민의 발생, 인간에 대한 기계의 우위의 경향, 교통 수단 및 통신 매체의 발

---

45) H. Haarmann, *Expressionismus*, a. a. O., S. 250.
46) Vgl., T. W. Adorno, *Ästhetische Theorie*, a. a. O., S. 216.

달이 대도시 거주자들의 생활에 요구하는 속도감 및 이에 따른
여유의 상실, 좁은 공간에 많은 인구와 시설이 밀집되어 있음으
로 해서 발생하는 물리적·정신적 충돌 현상 등이 인간과 외부
세계의 관계에서 전면에 부상된 문제들임을 지각하고 인식하게
끔 한 공간이다. 실비오 비에타 Silvio Vietta가 "대도시는 그
자체로서 자연에 대한 인간의 관계가 근본적으로 변화되었음을
보여주는 산물이자 총체적으로 변화된 실제를 보여주는 산물"[47]
이라고 명증하게 정리하고 있는 데서 알 수 있듯이, 대도시야말
로 산업화의 전개 이래 인간의 삶의 형식을 결정하는 데 가장
많은 영향을 미친 공간이다. 수렵 및 채집에 의존하던 인류 문
명이 농업을 개발함으로써 일대 혁명을 일으켰지만 산업 혁명
만큼 인간의 삶의 구조를 근본적으로 바꾸어놓은 것은 없다. 산
업 혁명의 뒤를 이은 정보 혁명도 따지고 보면 산업 혁명의 한
줄기에 지나지 않는다. 산업 혁명이 구조화시켜놓은 삶의 방식
은 산업 혁명의 발원지인 유럽뿐만 아니라 지구의 모든 지역에
확산되고 있는 실정이며, 산업화에 맞춰진 도시화의 경향도 지
구의 모든 지역에서 가속화되고 있다. 산업 혁명의 발원지인 유
럽에서 대도시로서 정착된 공간에서는 보들레르나 독일 표현주
의자들이 지각 및 인식했던 부정성이 아직도 남아 있는 채로 이
제는 인간의 삶을 총체적으로 위협하는 환경 오염 문제가 부정
성의 정점에 위치해 있고, 산업 문명을 지향하면서 급속하게 대
도시화에 이른 공간에서는 보들레르나 독일 표현주의자들이 보
았던 부정성의 종합 전시장이 되어 '세계의 종말'을 경험적으로
확인 가능할 정도로 예측하게 하는 극심한 환경 오염이 발생하
고 있다. 인류의 삶의 공간은 좁은 공간에서 많은 일들이 동시
에 발생함으로써 갈등과 모순을 야기시키는 현장인 도시 공간
으로 더욱더 변모하고 있으며, 도시와 불가분의 관계에 있는 산

---

47) S. Vietta/H. G. Kemper, *Expressionismus*, a. a. O., S. 37.

업 문명은 인간의 생존에 있어서 마지막 근거인 자연을 위압적으로 파괴해가고 있다.

산업 문명의 부정성이 이처럼 가시적으로 그 파괴성을 드러내는 한, 보들레르나 독일 표현주의자들이 그들의 시적 주체성을 통해서 경험 세계를 부정적으로, 때로는 극도의 혐오감을 불러일으키는 메타포를 사용해가면서까지 지각하고, 대도시적 현실을 적극적이고도 직접적으로 비판했던 사실은 현재에도 그 통용성이 확인된다. 객체적으로 확인 가능한 대도시 공간에 대한 시인들의 주체적 반응 형식은 과거 현실에 대한 역사적 경험의 매개 기능과 더불어 현재에 대한 반성, 더 나아가 미래에 대한 성찰의 기회를 제공하는 기능을 갖는다. 예술의 역사성은 그러므로 계몽의 차원을 지닌다. 예술적 계몽성은 논리적으로는 그 통용성을 지닐 수 없을 뿐만 아니라, 그것의 구체적 작용력이 비록 가시적으로 확인되지 않는다 할지라도 자신의 역할을 포기할 수는 없다. 예술은 작위적이기에 앞서 거의 자연발생적이기 때문이다. 예술은 인간이 자연에 대해 저지른 죄를 자신의 내부에서 받아들이면서 자신의 형식에서 죄의 흔적을 고통스럽게 내보이고,[48] 인간이 저지른 잘못의 구체적 산물인 경험 세계가 변화되었으면 하는 희망을 말없이 말하는,[49] 이를테면 인간의 의식을 계몽하는 기능을 갖는다는 아도르노의 견해는 환경 파괴를 가속화시키면서 보다 완벽한 산업화의 목표를 두고 질주하는 현재의 인류 문명에서 예술의 존재 근거와 의미에 대한 새로운 해석에의 가능성을 시사하고 있다. 불행의 정점인 종말에 도달하지 않게 하거나, 도달하는 시간을 지연시키는 데 가장 결정적인 영향력을 행사하는 것은 인간의 의식이다. 의식 변화는 개념적으로 유도되거나 타율적으로 부과되는 형태로 이루어

.

48) Vgl., T. W. Adorno, *Ästhetische Theorie*, a. a. O., S. 80, 365.
49) Vgl., *Ebd.,* S. 264, 367.

지기도 하지만 자율적으로 수행될 때보다 긍정적인 결과에 이를 수 있다. 의식 변화에의 계기를 제공할 수 있는, 다시 말해 계몽의 기능을 갖는 역사적 경험으로서의 예술적 경험의 존재 가치는 인류의 종말이라는 불행을 가시화시키면서 질주하고 있는 산업 문명이 야기하는 부정성을 비판적으로 인식하는 데 있다. 아도르노에 따르면 이것은 예술이 존재한다는 것의 행복이기도 하다: "예술은 세계의 모든 어두움과 죄를 자신의 내부에서 떠맡는다. 세계의 불행을 인식하는 데서 예술은 자신의 모든 행복을 갖는다."[50]

참 고 문 헌

Adorno, Theodor W., *Noten zur Literatur*, Hrsg. von R. Tiedemann, 1. Aufl., Frankfurt/M, 1981.

＿＿＿, *Ästhetische Theorie*, Hrsg. von G. Adorno und R. Tiedemann, 5. Aufl., Frankfurt/M, 1981.

＿＿＿, "Philosophie der neuen Musik," in: *Gesammelte Schriften* 12, Hrsg. von R. Tiedemann, Frankfurt/M, 1975.

Auerbach, Erich, "Baudelaires 'fleuers du mal' und das Erhabene," in: D. Steland(hrsg.), *Französische Literatur von Beaumarcheais bis Camus*, Frankfurt/M, 1969.

Baudelaire Charles, *Les fleurs du mal. Die Blumen des Bösen*, Übersetzt von F. Kemp, Frankfurt/M/Hamburg, 1966.

Becher, Johannes R., "Die Stadt der Qual I," in: W. Rothe (hrsg.), *Deutsche Großstadtlyrik vom Naturalismus bis zur Gegenwart*, Stuttgart, 1981.

---

50) T.W. Adorno, "Philosophie der neuen Musik," in: *Gesammelte Schriften*, Bd. 12, Hrsg. von R. Tiedemann, Frankfurt/M, 1975, S. 126.

Benjamin, Walter, "Ursprung des deutschen Trauerspiels," in: *Gesammelte Schriften* I. 1, Hrsg. von R. Tiedemann und H. Schweppenhäuser, Frankfurt/M, 1980, S. 203~430.

______, "Charles Baudelaire. Ein Lyriker im Zeitalter des Hochkapitalismus," in: *Gesammelte Schriften* I. 2, Hrsg. von R. Tiedemann und H. Schweppenhäuser, Frankfurt/M, 1980, S. 509~654.

______, *Das Passagen——Werk*, Hrsg. von R. Tiedemann, Frankfurt/M, 1983(es 1200).

Ehrenstein, Albert, "Wien," in: W. Rothe(hrsg.), *Deutsche Großstadtlyrik vom Naturalismus bis zur Gegenwart*, Stuttgart, 1981.

Eykman, Christoph, *Die Funktion des Häßlichen in der Lyrik Georg Heyms, Georg Trakls und Gottfried Benns. Zur Krise der Wirklichkeitserfahrung im Expressionismus*, 2. erw. Aufl., Bonn, 1969.

Friedrich, Hugo, *Die Struktur der modernen Lyrik. Von der Mitte des neunzehnten bis zur Mitte des zwanzigsten Jahrhunderts*, Hamburg, 1968.

Haarmann, Hermann, "Expressionismus," in: E. Schütz/J. Vogt u. a., *Einführung in die deutsche Literatur des 20. Jahrhunderts*, Bd. 1, S. 239~60.

Hart, Julius, "Berlin," in: W. Rothe(hrsg.), *Deutsche Großstadtlyrik vom Naturalismus bis zur Gegenwart*, Stuttgart, 1981.

Haverkamp, Anselm, "Einleitung in die Theorie der Metapher," in: Ders.(hrsg.), *Theorie der Metapher*, Darmstadt, 1983.

Hegel, Georg Wilhelm Friedrich, *Vorlesungen über die Ästhe-*

tik. Erster und zweiter Teil, Mit einer Einführung herausgegeben von Rüdiger Bubner, Stuttgart, 1980.

_____, *Vorlesungen über die Ästhetik. Dritter Teil, Die Poesie,* Hrsg. von R. Bubner, Stuttgart, 1980.

Heym, Georg, *Dichtungen und Schriften. Gesamtausgabe auf Grund des handschriftlichen Nachlasses*, Band 1, Lyrik, Hrsg. von K. L. Schneider, Hamburg/München, 1964.

Hoddis, Jakob van, "Weltende," in: K. Pinthus(hrsg.), *Menschheitsdämmerung. Ein Dokument des Expressionismus*, Hamburg, 1964.

Kemper, Hans Georg, *Vom Expressionismus zum Dadaismus. Eine Einführung in die dadaistische Literatur*, Kronberg/Ts, 1974.

Lukács, Georg, "Größe und Verfall des Expressionismus," in: H. G. Rötzer(hrsg.), *Begriffsbestimmung des literarischen Expressionismus*, Darmstadt, 1976, S. 19~66.

Plessner, Helmut, *Die verspätete Nation*, Stuttgart, 1959.

Riha, Karl, *Deutsche Großstadtlyrik*, München/Zürich, 1983.

Rothe, Wolfgang, "Einleitung," in: Ders.(hrsg.), *Deutsche Großstadtlyrik vom Naturalismus bis zur Gegenwart*, Stuttgart, 1981, S. 5~36.

Simmel, Georg, "Die Großstädte und das Geistesleben," in: Ders., *Brücke und Tür. Essays des Philosophischen, Zur Geschichte, Religion, Kunst und Gesellschaft*, Hrsg. von M. Landmann, Stuttgart, 1957, S. 227~42.

Trakl, Georg, *Das dichterische Werk. Auf Grund der historisch-kritischen Ausgabe von W. Killy und H. Szklenar*, München, 1980(dtv).

Vietta, Silvio/Kemper, Hans Georg, *Expressionismus*, München, 1975.
Wegner, Armin T., "Der Zug der Häuser," in: W. Rothe (hrsg.), *Deutsche Großstadtlyrik vom Naturalismus bis zur Gegenwart*, Stuttgart, 1981.

독일 표현주의 시와 기술 문명 비판
──문학적 현실 인식과 그 역사적 의미

1. 기술 문명[1]의 위기

　유럽의 열강들이 제국주의적 시대 상황에서 전쟁을 준비하고 실제로 실행하였던 20세기 초반에 대략 1910년부터 제1차 대전을 걸쳐 1920년대 초반까지 독일에서 폭풍처럼 전개되었던 독일 표현주의 문학이 특히 산업 혁명의 결과로 나타난 기술 문명에 대한 강력한 비판을 제기하였다는 해석은 독일 문학사에서 일반적으로 인정되는 테제이다. 1911년 야콥 반 호디스 Jakob van Hoddis가 「세계의 종말 Weltende」을 발표한 이래 1920년대 초반까지 수많은 시인들이 문명에 대한 비판과 위기를 시적으로 형상화하고 새로운 세계를 요구함으로써 독일 표현주의 시인들은 현실과의 치열한 대결을 보여주었다. 서정시가 기술 문명의 위기를 문학적으로 표현한 경우를 독일 표현주의 시가 우리에게 확인시켜주고 있는 것이다. 환경의 대위기가 극명하게 증명하고 있듯이 현재의 인류는 과학 기술 문명의 위기 시대에 처해 있다. 이런 인식이 보편화되어 있는 현실을 감안할 때 독일 표현주의 시가 기술 문명의 위기를 경고하였다는 사실은 그 현재적 중요성을 새롭게 획득할 수 있다고 본다. 독일 표

---

1) 이 개념을 글쓴이가 어떻게 이해하고자 하는가에 대한 자세한 논의는 단계적으로 진행할 것임.

현주의 시가 산업 기술 문명의 본질을 비판하였다는 사실을 보다 설득력 있게 보여주기 위하여 우리는 일단 기술 문명의 본질을 비교적 구체적으로 논의해보고자 한다.

서양의 근대 *Neuzeit* 이래 비약적으로 발전을 거듭한 서구 자연과학은 인류가 원시 시대부터 자연과 인간과의 관계, 그리고 인간과 인간과의 관계에서 자신의 생존을 유지하고 욕구를 충족시키기 위하여 개발하고 발전시켜온 수단인 기술 *Technik* 과 접목되면서 지구상에 과학 기술 문명을 발흥시켰다. 서구의 과학 기술 문명은 인류에게 자연에 대한 지배력을 강화하고 물질적 풍요를 가져왔을 뿐만 아니라[2] 인간의 행동 반경을 넓히고 정보에 대한 장악력을 고양시킴으로써 삶의 질에 있어서 새로운 차원을 열어놓았다. 특히 산업 혁명에 이어 펼쳐진 정보 혁명의 결과로 출현한 고도의 전자 매체는 지구상의 모든 지역에서 일어나는 일을 동시에 지각하고 경험할 수 있는 가능성을 매개하기에 이름으로써 물질적 재화뿐만 아니라 정신적 재화에 있어서도 인간의 무한 욕구를 실현시킬 수 있는 발판을 마련해 놓았다. 산업 혁명이 물질에 대한 욕구 충족을 가능하게 하였다면, 정보 혁명은 정보에 대한 다양한 운용 가능성을 가시화시킨 것이다. 과학 기술 문명은 이제 개별 인간이 필요로 하는 욕구나 희망을 가능한 한 많이, 그리고 다양하게 실현시켜줄 수 있는 단계에까지 도달된 셈이다. 그러나 과학 기술 문명은 원자 폭탄에서 볼 수 있는 것처럼 인류의 역사를 단 한 순간에 정지시킬 수 있는 부정적 요소를 갖고 있을 뿐만 아니라, 유전공학 *Gentechnologie* 의 경우처럼 인간에 의한 인간의 자의적 복제 가능성이라는 한계점, 즉 생명의 본질에 대한 근원적 도전이라

---

2) 글쓴이는 과학 기술 문명이 지구상에 야기시킨, 각 국가 또는 민족 단위별로 구조화된 부의 불평등을 여기에서 문제삼지 않는다. 이곳에서 의도하는 바는 과학 기술 문명이 변화시킨 삶의 구조를 원리적으로 간략하게 언급하는 데 있다.

는 문제점을 야기시키기도 한다. 이것은 고귀한 생명체로서의 인간이 자신을 인간으로서 확인해왔던 윤리의 위기를 뜻함에 다름이 아니다. 서구의 자연과학과 기술에 근거를 둔 과학 기술 문명은 인류의 문명사에 있어서 그 어느 시대보다도 보편적 통용성과 가치를 주장하면서 전개되고 있는바,[3] 이 같은 문명 체계는 위에서 간략하게 서술하였듯이 풍요에의 가능성과 인류 역사의 종말이라는 양면성을 동시에 함유하고 있다. 그러나 서구의 과학 기술 문명 체계에 내재되어 있는 위험한 요소[4]에 대한 사회과학적 인식이 서구에서 특히 1970년대 이후 강조되고, 환경 오염의 심각성이 인류의 생존을 결정짓는 절박한 문제로 대두되면서 과학 기술 문명이 바로 위기를 불러왔다는 인식은 이제 일반적 설득력을 획득하게 되었다. 환경의 대위기로 대표되는 인류 역사의 위기는 바로 서구의 과학 기술 문명이 유발한 산물인 것이다. 따라서, 현재 전개되고 있는 인류의 역사는 기술 문명의 위기 시대라고 불러도 될 것이다.

이러한 시대적 상황에서, 기술 문명이 그것의 파괴적 속성을 본격적으로 드러낸 제1차 대전을 전후하여 독일의 표현주의 시인들이 선취적으로 *vorwegnehmend* 경고한 기술 문명의 부정적 요소를 해석해보는 것은 적지 않은 의미가 있다고 생각된다. "문학사는 학문의 한 개별 분과일 뿐만 아니라, 그것의 전개 자체가 일반적 역사의 한 모멘트이기도 하다"[5]라는 발터 벤

---

3) 이에 대해서는 막스 베버가 그의 종교사회학 서문에서 설득력 있게 문제 제기를 하고 있다(Vgl., M. Weber, "Vorbemerkung," in: Ders., *Die Protestantische Ethik I. Eine Aufsatzsammlung*, Tübingen, 1981, S. 9).

4) 울리히 베크 Ulrich Beck 는 이 같은 문명 체계에 기초를 두어 구성된 사회를 "위험 요소가 상존하는 사회 *Risikogesellschaft*"라고 명명하였다(Vgl., U. Beck, *Risikogesellschaft*, Frankfurt/M, 1986).

5) W. Benjamin, "Literaturgeschichte und Literaturwissenschaft," in: Ders., *Gesammelte Schriften*, Bd Ⅲ, Hrsg. von H. Tiedemann-Bartels, Frankfurt/M, 1980, S. 284.

야민의 견해는 과거 역사에 대한 현재적 의미를 해석하는 데 있어서 문학사도 중요한 비중을 갖는다는 사실을 지적하고 있다.

2. 문명과 문화

기술 문명이 위기에 봉착되어 있다는, 우리가 위에서 주장한 내용은 일단은 기술을 문명과 연관시키는 전제 조건을 이미 내포하고 있다. 그러나 기술의 발전과 더불어 문명 *Zivilisation* 이 전개되고, 두 요소는——문명이라는 개념보다는 훨씬 넓은 의미로 사용되는——문화 *Kultur* 라는 개념과 직접적 관련을 맺고 있다. 문명의 산물을 문화로 볼 수 있고, 문화는 다시 새로운 문명의 전개에 영향을 미칠 수 있기 때문이다. 두 개념을 보는 시각도 따라서 여러 가지 형태로 나타날 수 있다. 일반적으로 영어와 불어권에서는 문명과 문화가 거의 동일한 의미로 쓰이고 있는 반면에, 독어권에서는 두 개념이 분리되어 사용된다. 문명에 대한 이론을 근거세움에 있어서 독어권에서 가장 정평 있는 고전으로 평가되는 『문명의 과정에 대하여 *Über den Prozeß der Zivilisation*』에서 이 책의 저자인 노베르트 엘리아스 *Nobert Elias* 는 문명을 다음과 같이 일반적으로 정의하고 있다: "'문명'이라는 개념은 매우 다양한 여러 가지 요소에 관련되어 있다. 그것은 기술의 상태, 생활 태도나 습관의 양식, 학문적 인식의 전개, 종교적 이념과 관습에 관련되어 있는 것이다. 문명은 거주 양식 또는 남자와 여자의 공동 생활 방식, 재판을 통한 처벌의 형태 또는 음식의 조리에 관련될 수도 있다. 엄밀히 따져보면 '문명화된 *zivilisiert*' 형태와 '미개한 *un-zivilisiert*' 형태에서 행해지지 않는 것은 거의 없는 셈이다. '문명'으로 표시되어질 수 있는 모든 것을 몇몇 단어로 요약한다는

148

것은 따라서 항상 난해한 것으로 나타날 수밖에 없다."[6] 문명
은 이처럼 인간 생활의 거의 모든 면에 걸쳐서 통용되어질 수
있는 개념으로 해석되어질 수 있으며, 바로 이 점에서——영어
나 불어권에서처럼——문화와 거의 동일한 의미로 쓰일 수 있는
것이다. 그러나 독일어권에서는 전통적으로 "'문명'은 대단히
유용한 그 어떤 것을 의미하지만, 그 가치에 있어서는 다만 제
2차 등급을 의미할 뿐이다. 다시 말해서 문명은 인간의 외적 측
면, 그리고 인간의 현존재의 표피적인 것들만을 포괄하는 것을
뜻한다. 독일 사람들이 자신들을 해석하는 용어, 자신들의 성취
와 업적에 대한 자부심과 자신들의 본질을 일차적으로 표현하
는 단어는 '문화'이다."[7] 우리는 여기에서 독일인들이 문명을
물질적 차원에서의 인간의 행위와 활동의 산물로 해석하고 문
화는 어떤 정신적 가치에 관련되는 개념으로 보고 있음을 알 수
있다. 엘리아스에 의하면 그러므로 독일어권에서는 "'문명'은
하나의 과정 *Prozeß*을 표시하거나, 최소한 하나의 과정의 결과
를 표현한다. 이러한 과정은 부단히 운동중에 있는 어떤 것, 그
리고 부단히 '앞으로 나아가는' 어떤 것에 연관되어 있다. 오늘
날[8] 독일에서 사용되고 있듯이, 독일적 개념으로서의 '문화'는
문명과는 다른 운동 방향을 갖는다 : 문화는 현존하고 있는, 인
간의 생산물들에 연관되어 있다. '밭에서 만발한 꽃과 같은 생
산물들,' 예술 작품들, 서적들, 종교적 및 철학적 체계들에서 보
이는 것처럼 어떤 민족의 본질적 특성이 표현된 것들에 문화는
관련되어 있는 것이다."[9] 엘리아스가 이처럼 명쾌하게 정리하

---

6) N. Elias, *Über den Prozeß der Zivilisation. Soziogenetische und psy-
chogenetische Untersuchungen, Erster Band, Wandlungen des Verhal-
tens in den westlichen Oberschichten des Abendlandes*, Frankfurt/M,
1. Aufl., 1976, S. 1.
7) *Ebd.*, S. 2.
8) 엘리아스의 『문명의 과정에 대하여』는 1936년에 처음 출판되었다.
9) *Ebd.*, S. 3~4.

고 있는 데서 알 수 있듯이, 문명은 인간의 생활에 직접적으로
유용한 것들을 부단히 생산해온 과정으로서 인간의 삶에 편안
함 *Komfort*을 제공하는 것[10]으로 이해될 수 있는 것이다. 인
간이 자신의 욕구와 희망을 충족시키는 수단을 항상 보다 나은
형태로 개발해온 역사를 기술의 발전사로 이해할 때, 기술은 독
일어권에서 사용되는 문명의 개념에 더욱 밀접한 연관 관계를
맺고 있다고 볼 수 있다. 기술의 진보는, 그것이 유발하는 부정
적 결과에 대한 인식을 전면에 부각시키지 않는 한, 일단은 보
다 편안한 삶이라는 목적과 합치되기 때문이다. 이 논문이 다루
려고 하는 인식 대상이 독일 표현주의 시이기 때문에 우리는 독
어권에서의 문명의 개념에 대한 이해를 따르려고 한다.

3. 기　술

　기술은 원래 '인간의 팔이 연장된 것 *verlängerter Arm*'으로
서 인간이 어떤 대상에 대하여 인공적으로 가하는 기예·솜씨·
기능 등을 의미한다. 기술은 어떤 대상에 대한 운용 및 가공 가
능성이 구체적으로 나타난 결과인 것이다. 게오르기 쉬스코프
Georgi Schischkoff가 편찬한 철학 사전에서 우리는 기술에 대
한 대단히 간결하고 명료한 정의를 발견할 수 있다. 그에 따르
면 기술은 "무엇을 관철하고, 성취하며, 작업을 통해 달성하는
종류와 방식이다. 인간의 활동이 앞서서 발견된 것 *das Vorge-*
fundene, 주어진 것을 인간이 필요로 하는 욕구와 희망에 상응
하게 변화시키는 것을 지향하려 할 때, 바로 이러한 활동이 가
장 일반적인 의미에서 사용되는 기술의 개념이다. 수공적인 단

---

10) Vgl., *Philosophisches Wörterbuch*, Hrsg. von G. Schischkoff, Stutt-
　　gart, 1982, 21. Aufl., S. 771.

련, 형체를 이루어가는 의미, 자연에 대한 인식·지식·통찰은
기술의 전제 조건들이다. 인간의 현존재를 안전하게 하고, 고양
시키며, 세련되게 하는 것이 기술이 의도하는 목적이다."[11] 쉬
스코프의 정의에서도 명백하게 드러나는 바와 같이, 기술은 인
간이 특정 목적을 성취하기 위하여 의도적으로 행하는 활동인
것이다. 이 활동은 의도적이기 때문에 우리는 기술적 행위
*technisches Handeln*라는 개념[12]을 도입할 수 있다. 기술적
행위는 항상 의도적으로 설정된 특정 목적을 실현하기 위한 동
기에서 출발하며, 기존의 현실과는 다른 현실을 성취하기 위한
행위이다. 포피츠 교수가 일반적으로 정리한 내용에 따르면 기
술적 행위는 어떤 대상을 이용하고 *verwenden* 변화시키며 *ver-
ändern* 생산하는 *herstellen* 행위이다. '이용한다'[13]는 것은 무
엇을 특정 목적의 실현에 사용 가능하게 함으로써 결과적으로
무엇을 만들어낸다는 의미이다. 불의 사용에서 인류 문명의 시
작을 해석하는 시각도 '무엇을 이용한다'는 기술적 행위와 밀접
한 연관 관계를 맺고 있음을 알 수 있다. 무엇을 이용하는 활동
의 과정에서 공구 *Werkzeug*가 출현하며, 공구는 기술적 행위
의 수단이자 산물이기도 하다. '변화시킨다'는 것은 무엇을 항
상 다르게 만들어본다는 행위를 뜻한다. 바로 이 점에서, 기술
이 어떤 새로운 가능성을 창조한 과정으로 이해될 수 있는 근거

---

11) G. Schischkoff, *Philosophisches Wörterbuch*, a. a. O., S. 686.

12) 이하 서술되는 내용은 독일 프라이부르크 대학교 사회학과 하인리히 포피츠
　　Heinrich Popitz 교수가 1986/1987년 겨울 학기에 행한 강의인 「기술의 사
　　회학 Soziologie der Technik」에 많은 부분 그 근거를 둔다. 볼프강 크론
　　Wolfgang Krohn은 다음의 문헌에서 기술적 행위의 역사적 전개에 대하여
　　간결하고 명료하게 서술하고 있다(Vgl., W. Krohn, "Die Verschiedenheit
　　der Technik und die Einheit der Techniksoziologie," in: P. Weingart
　　(hrsg.), *Technik als sozialer Prozeß*, Frankfurt/M, 1989, 1. Aufl., S.
　　18 ff.).

13) 작은따옴표는 글쓴이가 임의로 사용한 것임. 이 논문에서 사용된 작은따옴표
　　는 간접 인용의 경우가 아닌 한, 모두 이러한 경우에 해당됨.

가 성립되는 것이다. 이런 가능성이 사회적으로 결집될 때, 기술은 사회적 힘으로서의 잠재력을 획득하게 된다. 우리가 어떤 특정 사회나 국가의 기술력 또는 기술적 잠재력이라는 개념을 일반적으로 인정한다면, 이는 그런 사회나 국가가 무엇을 항상 다르게 만들어낼 수 있는 능력을 가지고 있음을 인정하는 것에 다름이 아니다. '생산한다'는 것은 무엇을 의도적으로 변화시킴으로써 진보나 상승에의 능력을 실현시키는 것을 뜻한다. 이 점에서 기술적 행위는 동물에서는 볼 수 없는, 즉 인간에게 고유한 특별한 능력인 셈이다. 위에서 간략하게 서술한 세 개념에서 우리는 기술적 행위를 '어떤 대상을 유용 가능하게 하고 변화시킴으로써 새로운 것을 이루어내는 인간의 활동'으로 이해할 수 있겠다. 여기에서 중요한 것은 기술적 행위가 인간에게 유용한 새로운 가능성을 성취하는 행위라는 사실이다. 기술적 행위의 산물은 두말할 나위 없이 기술이다. 기술적 행위는 지속적으로 이루어지는 과정이기 때문에 기술은 과정 *Prozeß*이다. 기술과 문명이 직접적 연관 관계를 가질 수 있는 근거가 바로 이런 맥락에서 자명해지기도 한다.

인류의 역사를 기술의 진보사로 해석하고, 이런 진보사에서 특히 혁명적인 계기를 일반적으로 정리할 때 우리는 농업 혁명·산업 혁명·정보 혁명이라는 분류에 동의하게 된다. 수렵이나 채취에 의존하여 자신의 생존을 유지시켜오던 인류가 계획적이고 의도적으로 식량을 생산하는 가능성을 열어놓은 농업 혁명의 배경에도 역시 토지를 이용하고 작물의 효율적 생산을 위해 토지를 변형시켜서 식량을 생산하는 인간의 의도적 행위가 그 근본으로 놓여 있다. 기술은 이런 점에서 일단은 자연을 지배하려는 *Naturbeherrschung* 인간의 의도와 밀접한 관련이 있다. 인간의 이런 의도적 활동을 보다 용이하게 성취시켜주는 수단으로서 등장한 것이 각종 공구이며, 이 단계에서의 공구는 인간의 직접적 노동과 직결되어 있었다. 노동 생산성을 보다 효율적으로 제고시키기 위해 보다 나은 기술을 개발하고 발전시켜오던 인류는 인간의 직접적 노동에 의하지 않고도 자체적으로 동력을 생산해내는 가능성을 실현시키게 되었는바, 이것이 바로 인류 역사상 인간의 삶에 가장 결정적인 영향을 미친 산업 혁명이다. 산업 혁명은 기계 문명의 본격적 전개를 알린 혁명이었다. 산업 혁명 이전에도 인류는 물론 기계를 사용할 수 있었지만 모든 기계는 인간의 직접적 노동을 보조하는 데 그친 한계를 지니고 있었다. 산업 혁명 이전의 생산성은 인간의 노동에 거의 대부분 의존하였던 반면에, 산업 혁명 이후 기계에 의하여 주도된 생산 방식은 생산성의 효율에 결정적 전기를 가져오게 되었다. 산업 혁명은 인간의 노동을 기계가 대치한, 인류 역사상 미증유의 대혁명이었다. 수공업적 및 가내 공장제 생산 방식은 일약 기계에 의한 공장제 생산 방식으로 변모된 것이다. 기계를 이용한 새로운 가능성의 지속적인 개발은 기술적 가능성의 부단한 갱신이라는 토대 없이는 불가능한 일이었다. 기술적 변전과 갱신이라는 관점에서 산업 혁명의 역사를 가장 잘 분석하여 정리한 학자로 평가받는 데이비드 랜드스 David S. Landes 는 산업 혁명의 본질을 다음과 같이 요약하고 있다 : "산업 혁명의 핵심은 기술적 변전이 서로 맞물려서 이룩한 결과였다. 물질적인 측면에서의 진보는 세 분야에 걸쳐 일어났다. 첫째, 인간의 노동에 의하여 생산물이 완성되는 것의 자리에 기계적인 설비가 들어섰다. 두번째, 생명력이 없는 동력이——특히 증기 기관——인간과 동물의 노동력을 대치하였다. 세번째로는, 금속 가공 산업 및 화학 산업에 특징적인 것으로서, 생산의 처리 방식과 원료들을 가공하는 처리 방식이 근본적으로 개선되었다."[14]

---

14) Davis S. Landes, *Der entfesselte Prometheus. Technologischer Wandel und industrielle Entwicklung in Westeuropa von 1750 bis zur Gegen-*

산업 혁명의 전개와 더불어 이처럼 본질적 변화의 국면에 들어
선 기술은 서양의 근대 이래 진보를 거듭한 자연과학과 항상 맞
물려서 전개되었다. 산업 혁명과 자본주의가 결합되고 공장제
생산 방식이 생산의 주도권을 장악함으로써 형성된 산업 사회
는 이 사회의 구성원들인 개별 인간들을 기술에 의하여 작동되
는 산업 문명 체계에 종속시키게 된다. 인간의 삶을 보다 편안
하게 하는 원동력을 담당했던 기술은 이제 그것에 의하여 구축
된 질서에 인간을 종속시키는 원인을 제공하기에 이른 것이다.
기술은 이렇게 해서 자연을 지배하는 것에 이어서 인간을 지배
하는 능력을 보이는 것이다. 이러한 사실에 대하여 역사적으로
실증 가능한 대표적 실례는 전쟁이다. 제1차 대전은 기술 문명
이 그것의 체계에 인간을 종속시킬 수 있는 본격적 가능성을 실
증한 사례라고 볼 수 있기도 하다.[15] 학문은 이미 그것의 시작
부터 지배적 특성을 가지고 있었던 바,[16] 산업 혁명의 전개 이
후 학문과 기술이 결합되면서 나타난 결과는 기술에 의한 인간
의 지배라는 테제를 일반화시키기에 충분한 것이었다.[17] 기술
은 이제 그것을 개발시켰던 인간으로부터 독립된 채 자기 자신
의 고유한 논리를 자체적으로 전개시킬 수 있는 권력으로 변모
한 것이다. 위르겐 하버마스 Jürgen Habermas는 1968년에 발

---

　　　　wart, Deutsche Übersetzung von Franz Becker, München, 1973, S.15.
15) 산업 혁명과 제1, 2차 세계 대전과의 관계에 대한 구체적 분석은 앞서 인용한
　　랜드스의 책을 참조할 것(S.333~448).
16) 오토 울리히 Otto Ulrich에 의하면 손으로 하는 노동 Handarbeit과 머리로
　　하는 노동 Kopfarbeit이 분리되는 데서 이미 학문은 지배적 특성을 지닌다고
　　한다(Vgl., O. Ulrich, *Technik und Herrschaft. Vom Hand-Werk zur
　　verdinglichten Blockstruktur industrieller Produktion*, 1. Aufl., Frank-
　　furt/M, 1979, S.61ff.).
17) 오토 울리히는 앞에서 언급한 그의 책 『기술과 지배』에서 학문·기술·자본은
　　인간에 대한 지배력을 행사한다는 면에서 본질적으로 유사한 속성을 지니며,
　　후기 자본주의 사회에 들어서는 특히 자연과학적 인식의 결과와 자본이 기술
　　에서 결합되면서 기술은 인간을 지배하는 결정적 요소가 되었다는 주장을 설
　　득력 있게 제기하고 있다.

표한 논문 「'이데올로기'로서의 기술과 학문 Technik und Wissenschaft als 'Ideologie'」에서 합리화의 전개와 궤를 같이하면서 결합된 기술과 학문은 후기 자본주의에 이르러서는 사회 제도의 모든 영역에 침투하여 그 지배력을 행사하며, 사회 구성원의 의식을 탈정치화 *Entpolitisierung* 시킬 수 있는 능력을 구사할 뿐만 아니라 임금 노동자들인 대중이 야기시키는 갈등조차도 구조적으로 조작할 수 있는 능력을 갖는다는 사실을 주장하였다.[18] 기술은 인간을 지배하는 이데올로기로서 사회적 권력의 형태로 등장한 것이다. 기술은 이처럼 인간을 구조적으로 지배할 뿐만 아니라 핵기술의 경우처럼 그것 자체가 인류 역사의 종언을 유발시킬 수도 있다. 인간은 무한 소비에의 욕구를 극대치로 실현시키기 위하여 보다 많고, 그리고 보다 나은 기술을 개발하는 데 심혈을 기울이고 있으며, 이는 필연적으로 인류를 환경의 대위기라는 절박한 상황에 처하게 하였다. 인간의 생활을 보다 편리하게 하기 위하여 개발된 기술은 이제, 한편으로는 인간에게 풍요로운 삶이라는 긍정적 결과를 제공하였으나 다른 한편으로는 문명의 영원한 종식을 가시화시키는 부정적 결과를 유발하였다. 특히 환경의 위기는 지구상에 존재하는 모든 인간뿐만 아니라 모든 생명체에 직접적으로 다가오는 대위기인바, 인류는 기술 문명의 위기 시대에서 자신의 생존을 결정해야만 되는 운명에 처해 있는 것이다.

　기술의 전개 또는 진보는 인간의 삶의 구조를 변화시킨다. 대상을 이용하고 변화시켜서 어떤 것을 만들어내는 인간의 활동이 바로 기술이기 때문이다. 기술이 인간의 생활에 가져온 변화는 산업 혁명을 기준으로 해서 볼 때는 인간의 외적 생활 세계[19]

---

18) Vgl., J. Habermas, *Technik und Wissenschaft als 'Ideologie,'* 9. Aufl., Frankfurt/M, 1978, S. 48~103.

19) 글쓴이는 여기에서 이 개념을 현상학 *Phänomenologie* 이나 하버마스의 경우에서 보이는 것처럼 철학적, 또는 사회학적 전문 용어로 사용하지 않는다. 이

의 산업화 *Industrialisierung* 란 개념을 통해 일반적으로 정리되어질 수 있고, 정보 혁명을 기준으로 삼는다면 생활 세계의 정보화란 테제가 성립된다.[20] 우리가 다루려는 분석 대상이 독일 표현주의 시이며, 독일 표현주의 시는 산업 혁명과 깊은 연관 관계를 갖고 있기 때문에 우리는 산업화가 생활 세계에 미친 결과를 정리해보고자 한다. 산업화는 무엇보다도 생활 세계를 기계화 *Mechanisierung* 시켰다. 증기 기관 *Dampfmaschine* 과 철도 *Eisenbahn* 의 발명으로 상징되는 산업 문명은 인간에게 기계의 편리함과 위력을 인식시켜주기에 충분하였으며, 기계의 진보는 인간의 삶을 기계와 불가분의 관계에 놓이게 하였다. 기술의 진보는 일단은 인간의 삶을 편안하게 해주는 긍정적 요소를 지닌다. 기계는 인간의 활동에 있어서 능률과 효율성의 상승을 가져왔으며, 인간의 노동을 점차적으로 대치하는 역할을 떠맡게 되었다. 공장제 생산 방식에서 기계가 차지하는 비중이 점차 확대되면서 인간에 대한 기계의 우위라는 결과가 유발되었으며, 컨베이어 벨트 *conveyer belt, Fließband* 노동에서 보이는 것처럼 인간은 기계에 종속된 도구에 지나지 않는다는 인식이 가시화되었다. 기계는 인간의 노동에 가장 결정적으로 영향을 미치는 요소로 등장된 것이다. 제 1 차 대전은 기계가 전투의 전면에서 가장 중요한 역할을 담당한다는 사실을 경험적으로 증명한 전쟁이기도 하다. 기계와 불가분의 관계에 있는 산업 문명은 생활 세계의 경제화 *Ökonomisierung* 를 유발시켰다. 이윤의 극대

곳에서 생활 세계는 인간의 삶이 구체적으로 이루어지는 공간, 또는 인간의 사회적 행위에 직접적으로 영향을 미치는 사회적 제반 요소의 총체로 이해된다. 예컨대 산업화에 의하여 구성된 공간 및 산업화가 인간의 행위에 영향을 미쳐서 나타난 결과도 생활 세계라는 개념 아래 이해될 수 있겠다.

20) 다니엘 벨 Daniel Bel은 이미 1970년대 초반에 '후기 산업 사회 *die nachindustrielle Gesellschaft*'라는 개념을 도입하였으며, 정보와 지식이 사회를 구성하고 움직이는 결정적 요소라는 사실을 지적한 바 있다(Vgl., D. Bell, *Die nachindustrielle Gesellschaft*, Frankfurt/M, 1976).

화를 목표로 삼는 자본주의의 경제 원리와 기계를 이용하는 산
업 문명이 결합되면서 인간의 활동이 경제 중심으로 조직된 것
이다. 전통적으로 농업 중심적 사고에서 이루어진 인간의 경제
활동이 보다 효율적인 생산을 통한 보다 높은 이윤의 획득이라
는 공업 중심적 활동으로 전이된 것이다. 이러한 변화를 가장
구체적으로 보여준 공간은 바로 대도시이며, 대도시는 생활 세
계의 경제화를 극명하게 증명시켜준다. 경제화의 근본 원리는
막스 베버가 지적하였듯이 인간이 특정 목적을 성취하기 위하
여 특정 수단을 투입하는 합목적성 *Zweckrationalität* 에 그 토
대를 둔다. 합목적성이 경제 활동에 있어서 인간의 사회적 행위
를 규정하는 결정적 요소가 되면서 생활 세계가 더욱 합리화
Rationalisierung 된다. 경제화가 생활 세계의 모든 영역에 대한
합리화를 가속화시키면서 노동 세계가 구조적으로 변모 *Um-
strukturierung der Arbeitswelt* 되며, 우리는 이런 구조적 변
화에 기반을 둔 사회를 바로 산업 사회라고 부른다. 물질적 재
화의 생산을 극대화하려는 산업 사회는 그러나 인간의 의식을
재화의 구조에 종속시킴으로써 인간 의식의 사물화 *Verdingli-
chung*[21]라는 부작용을 낳는다. 인간의 의식이 재화의 생산 구
조에 종속되어 마치 물건처럼 되는 것이다. 생활 세계의 경제화
가 유발한 결과인 사물 세계[22]는 그것이 인간에 대해 우위를
점하면서 인간을 소외 *Entfremdung* 시키는 부정적 결과를 야
기시킨다. 인간에 대한 기계의 우위도 인간에게 소외를 경험하
게 하는 중요한 요소이기도 하다. 산업화와 더불어 전개되는 생
활 세계의 기계화와 경제화는 인간의 전체적 삶을 기능화 *Funk-
tionalisierung* 시키며, 이런 과정에서 인간은 존재의 위기를 느

---

21) 이 개념의 본질에 대한 간략한 서술은 글쓴이의 책 『아도르노의 사회 이론과
    예술 이론』을 참조할 것(1993, S. 116~22).
22) 이 개념에 대한 글쓴이의 이해는 이 책에 실린 논문 「시적 주체성의 객체성」
    을 참조할 것(p. 126).

끼는 것이다. 기술 문명의 위력에 대하여 느끼는 위기 의식은 따라서 산업화가 유발한 결과에 다름이 아니다.

기술은 과정이며, 문명도 역시 과정이다. 기술과 문명은 서로 맞물리면서 진보를 거듭해왔다. 기술 문명은 그러나 특히 산업 혁명이 본격적으로 전개되어 산업 문명에 의하여 조직된 외부 세계가 인간을 규정하고 지배하면서 그것의 부정적 속성을 점차 드러내기 시작하였다. 기술 문명에 특징적인 것은, 우리가 앞서 강조하였듯이, 그것이 기계의 발달과 밀접한 관계를 갖고 있으며 자연과 인간을 지배하는 문명이라는 사실이다. 기술 문명이 구체적으로 전개된 대표적 현장은 역시 중세 이래 유럽에서 태동한 대도시[23]이며, 기술 문명의 파괴적 속성이 가장 적나라하게 드러난 구체적 실례는 제1, 2차 세계 대전이다. 대도시나 전쟁과 같은 현상은 그것들이 인간을 지배한다는 면에서 부정적 현상으로 해석되어질 수 있다. 기술 문명은 인간을 절멸시킬 수 있는 수단 *Vernichtungsmittel*으로 등장하였음을 제1차 대전이 보여준 것이다. 우리가 이 논문에서 해석하고자 하는 독일 표현주의 시는 바로 제1차 대전이라는 역사적 배경을 두고 발생한 문학이자, 대도시가 중심 소재가 되었다는 점에서 기술 문명과 불가분의 관계에 있다. 우리가 주목하고자 하는 바는 기술 문명이 독일 표현주의 시에서 부정적으로 인식되었다는 사실이다.[24]

---

23) 이에 대한 간단한 설명은 이 책에 실린 논문 「시적 주체성의 객체성」을 참조할 것(p. 109).

24) 초기 표현주의 시에서는 기술이 인간에게 편리함, 자유로움, 기동성, 닫힌 공간의 극복을 통한 의식의 상승 효과, 즉 새로운 가능성과 해방을 가져온다는 인식과 전쟁도 천편일률적인 지루함과 답답함으로 가득차 있는 현실로부터 탈피할 수 있는 돌파구를 마련해준다는 인식이 보이기도 한다. 이는 특히 에른스트 슈타들러 Ernst Stadler 의 「기차역들 Bahnhöfe」「밤에 쾰른의 철교를 넘으며 Fahrt über die Kölner Rheinbrücke in der Nacht」, 고트프리트 벤 Gottfried Benn 의 「급행 열차 D-Zug」, 게오르크 하임 Georg Heym 의 「전쟁 Der Krieg」과 같은 시에서 확인될 수 있다. 독일 표현주의 시에 이

4. 문학적 인식 대상으로서의 기술 문명

앞에서 간단하게 서술한 것처럼 기술이 더 이상 인간에 의해 통제되는 대상이 아니고 그것 자체가 인간을 지배하며 인류 문명의 종말을 유발시킬 수 있다는 인식은 그러나 놀랍게도 문학 작품에서 선취적으로 인식되었다. 문학 작품에서의 기술에 대한 인식은 예컨대 오토 울리히Otto Ulrich와 위르겐 하버마스가 보여주고 있는 것처럼 여러 개념을 사용한 정교한 논리와 경험 과학적으로 사실을 확인시켜줄 수 있는 자료에 근거한 인식이 아니다. 문학은 개념과 논리를 구사할 수 없음에도 불구하고 역사의 흐름을 상상력을 통하여 형상화시키는 능력을 발휘한다. 산업 혁명의 선발국인 영국에 이어 산업화에 들어선 프랑스는 이미 1850년대에 상품이 지배하는 사회*Warengesellschaft*를 만개시켰는바, 이 시대를 대표하는 프랑스 시인 보들레르는 이미 그의 서정시에서 기술 문명이 구축한 상품 사회와 치열하게 대결한 흔적을 남겼다. 발터 벤야민은 그의 알레고리 개념[25]을 이용하여 보들레르의 치열한 문학적 인식을 다음과 같이 해석하였다: "인간이 접하는 대상으로서의 외부 세계는 더욱더 제약을 받지 않으면서 상품의 모습을 지니게 된다. 이와 동시에 사물들의 상품적 특성이, 마치 영화에서 한 화면에 다른 화면을 겹치게 하듯이 바로 그렇게 겹치게 하는 방법으로 선전된다. 상품 세계를 알레고리적으로 일그러뜨리는 모습을 통하여 시인은[26] 상품 세계의 기만적 선포에 대항한다. 상품은 자기 자신

런 요소가 있음에도 불구하고 우리는 독일 표현주의 시에 나타난, 기술 문명에 대한 부정적 인식을 해석하려고 한다. 문학 작품에서의 현실 인식과 현실 비판이 성취하는 역사성과 계몽성을 강조하는 것이 우리의 의도이기 때문이다.

25) 이에 대한 간단한 설명은 이 책에 실린 논문 「시적 주체성의 객체성」을 참조할 것(p. 119).

을 스스로 자신의 얼굴로 밀어넣어서 자신을 보려고 시도하는
것이다. 상품이 마치 인간처럼 되는 것을 상품은 매춘부에서 찬
미하고 있는 것이다.”[27] 벤야민에 의하면 보들레르의 이 같은
대결 의식은 상품 세계를 극복하려는 의지이며, 이런 의지가
표현된 것이 바로 보들레르의 알레고리이다 : “상품 경제에서
는 알레고리의 기능을 변환시키는 것 *Umfunktionierung der
Allegorie*이 이루어질 수 있다. 상품에 고유한 아우라 *Aura*[28]
를 상품에서 출현시키는 것이 바로 보들레르가 시도한 것이었
다. 그는 상품을 용감한 방법으로 인간화시키려고 시도한 것이
다.”[29] 당시에 이미 기술 문명의 종합 전시장이었으며 진보의
구체적 상징이었던 파리를 보들레르가 서정시의 소재로 삼은
것을 벤야민은 진보와의 대결로 해석하고 있다 : “보들레르가
진보에 대해 적대적인 입장에 서 있었다는 사실은, 그가 자신의
문학에서 파리를 장악할 수 있었다는 것을 말해주는 빼놓을 수
없는 조건이다.”[30] 서구의 자연과학과 기술이 인간에게 매개한
의식, 즉 기술 문명의 진보 및 이에 상응하여 인간의 삶이 보다
풍요해지고 편리해지리라는 믿음에 대해 보들레르가 제동을 건
것이다. 이런 점에서 보들레르는 서구의 기술 문명과 이것이 이
룩한 상품 사회가 부정적 현상이라는 사실을 선취적으로 인식
한 것이다. 보들레르는 철학자로서 서구 문명을 본격적으로 비

---

26) 원문에는 씌어 있지 않지만 글쓴이가 문맥을 고려하여 임의로 삽입한 주어임.
27) W. Benjamin, “Zentralpark,” in: Ders., *Gesammelte Schriften*, Band
    I. 2, Hrsg. von R. Tiedemann und H. Schweppenhäuser, Frankfurt/M,
    1980, S. 671.
28) 아우라는 “공간과 시간으로부터 유래하는, 하나의 특별한 직물이다 : 멀리 떨
    어져 있는 것이, 그토록 가깝게 다가와 있다 해도, 단 한 번 출현한 것이다”
    (W. Benjamin, *Das Kunstwerk im Zeitalter seiner technischen Repro-
    duzierbarkeit*, Erste Fassung, a. a. O., S. 440). 아우라는 따라서 유일한
    진품으로서의 어떤 예술 작품을 규정할 때 사용되는 개념이다.
29) W. Benjamin, “Zentralpark,” a. a. O., S. 671.
30) *Ebd.*, S. 683.

판한 프리드리히 니체보다도 훨씬 앞서서 서구 기술 문명의 부
정성을 인식한 선취성을 보여준 셈이다. 기술 문명의 부정성에
대한 인식 및 비판은 그러나 독일 표현주의 시에서 보다 치열하
게 행해졌다. 보들레르의 『악의 꽃 *Les fleurs du mal*』에서 기
술 문명의 부정성이 일반적 또는 추상적으로 인식되었으며 서
정시의 소재도 대도시 정도에 국한되었다면, 독일 표현주의 시
에서는 기술 문명의 부정성이 보다 구체적이고도 치열하게 형
상화되었다고 말할 수 있다. 소재도 대도시라는 범주를 벗어나
전쟁, 산업 세계 *Industriewelt*, 노동 세계 *Arbeitswelt* 등으로
본격적으로 확대되었다.

5. 독일 표현주의 시에 나타난 기술 문명의 인식 및 비판

　1911년 야콥 반 호디스의 「세계의 종말 Weltende」이 베를린
에서 발표된 이래 수많은 독일 표현주의 시인들이 격렬한 주관
성 *Subjektivität* 을 표출하면서 산업화된 현대적 현실을 시적으
로 형상화하였다. 그들은 특히 제1차 대전이라는 대재난을 경
험하면서 가시화된 세계의 종말이라는 위기 의식을 표현함과
동시에 기존의 현실과는 다른 새로운 현실을 요구하는 주관성
의 표출을 숨기지 않았다. 과격한 주관성에 근거한 독일 표현주
의 문학은 행동의 문학인 것이다: "사람들은 일단은 행동하려
고 하였으며, 삶과 직접적인 접촉에 도달하려고 하였다. 그리고
사람들은 이와 같은 삶에서 공동체적 입장에 있으려고 하였다.
그것은 행동주의이며, 그것이야말로 근성이기에 충분하였다."[31]
독일 표현주의 문학에서 보이는 행동과 근성의 배경에는 인간

---

31) Erich von Kahler, "Einleitung: Die Bedeutung des Expressionismus,"
　　in: W. Rothe(hrsg.), *Expressionismus als Literatur*, Bern, 1969, S. 16.

의 삶을 타율적으로 구속하는 현실이 놓여 있었다. 그것은 인간을 구체적으로 지배하는 산업화된 외부 세계라는 새로운 현실이었다. 쿠르트 핀투스Kurt Pinthus는 제1차 대전이 끝난 1919년에 독일 표현주의 시인들의 시를 한데 모아 『인간성의 황혼과 여명 *Menschheitsdämmerung*』이라는 제목으로 출판하였다. 이 기회에 그는, 인간성[32]은 자신이 만들어놓은 현실에 지배되어 있다는 사실을 표현주의 시인들이 인식하였음을 지적하였다. 여기에서 핀투스는 기술 문명에 의하여 구축된 외부 세계에 인간이 종속되어 있음을 표현주의 시인들이 인식하였음을 강조하였다: "그러나 사람들은[33] 인간성의 불가능성을 점차 명백하게 느끼게 되었다. 인간성은 자신이 이루어놓은 산물·학문·기술·통계, 상업 및 산업, 경직화된 공동체적 질서, 부르주아지적이며 인습적인 관습에 자신을 완벽하게 의존시키게 된 것이다. 이 같은 인식은 동시에 시대와 현실에 대한 투쟁이 시작되었음을 의미하는 것이다. 사람들은 가능하지 않은 현실*Un-Wirklichkeit*을 향하여 현실을 바꿔보는 것*Um-Wirklichkeit*을 시도하기 시작하였다. 사람들은 밖으로 드러난 현상들을 뚫고 본질을 향하여 치닫기 시작하였으며, 노도처럼 밀려오는 정신에서 적을 포옹하면서도 분쇄시키는 것을 시작한 것이다. 사람들은 우선, 아이러니적인 우월성을 가지고 외부 세계로부터 자신을 지키려고 시도하였다."[34] 우리는 이 인용에서 기술 문명에 의하여 지배되는 현실을 독일 표현주의 시인들이 인식하였다는 사실과 이런 현실을 비판하고 극복하려는 의지를 표출하였다는

---

32) 독어의 Menschheit를 여기에서 '인간성'으로 옮기는 것은 많은 문제점이 있다. 그럼에도 불구하고 문맥의 유연함을 위하여 하는 수 없이 '인간성'으로 표현한다. 원래의 뜻은 '인류가 역사를 개시한 이래 경험한 것의 총체'이며, 우리말로는 인류 역사라고 표현해도 좋을 듯하다.

33) 내용상으로는 '독일 표현주의 시인들'을 뜻한다.

34) Kurt Pinthus, "Zuvor," in: Otto F. Best(hrsg.), *Theorie des Expressionismus*, Stuttgart, 1982, S. 86.

사실을 쉽게 이해할 수 있다. 기술 문명에 대한 인식과 비판이
라는 문제를 보다 구체적으로 논의하기 위하여 우리는 이제 기
술 문명의 종합 전시장으로서의 대도시 공간, 기술 문명의 파괴
성을 극명하게 보여준 현상으로서의 전쟁, 기술 문명이 구축한
삶의 구체적 현장으로서의 산업 및 노동 세계, 이어서 기술 문
명을 가장 구체적으로 상징하는 기계에 대한 독일 표현주의 시
인들의 시적 형상화를 해석해보려고 한다. 대도시, 전쟁, 노동
세계가 기술 문명이 유발한 복합체적 현상으로서의 현실이라면,
기계는 이러한 현실이 구성되는 데 필요한 가장 중요한 요소 중
의 하나라고 하겠다. 위에서 말한 논의를 가능하게 하는 전제
조건은 독일 표현주의 시가 독일에서의 급격한 산업화와 아주
밀접한 관계에 놓여 있다는 사실이다.[35]

I. 대도시[36]에 대한 부정적 인식 및 비판

대도시는 기술 문명의 전개와 직결되어 있는 산업화가 태동
시킨 공간이다. 대도시는 산업화와 더불어 발생한 '새로운 공
간'으로서 인간에게 '새로운 경험'을 매개한다. 대도시는 특정
공간에 많은 인간이 밀집되어 있음으로 해서 '갈등과 모순이 충
돌되는 현장'이며, 인간의 노동이 집중적으로 이루어지는 공간
이기 때문에 인간과 인간과의 갈등인 계급 갈등 및 인간 상호간
의 소외의 문제를 초래한다. 기계가 생산의 중심에 위치하는 현
장, 그리고 기계가 인간의 활동과 기동성에 직접적 영향을 미치

---

35) 이 문제는 「산업 문명과 현대적 현실」에서 충분히 논의된 바 있다(pp. 48ff.).
36) 대도시 시에 대한 분석은 이 책에 실린 다른 세 편의 논문에서 집중적으로 다
   루어진 바 있다. 이곳에서는 따라서 독일 표현주의 시인들이 대도시 공간을
   기술 문명의 전시장으로 인식하였으며, 이를 비판하였다는 사실만을 서술할
   것이다. 이런 인식 관심에서, 우리는 기술 문명을 가장 결정적으로 상징하는
   기계가 시의 중심 모티프로 되어 있는 파울 체흐 Paul Zech 의 「철로 이루어
   진 도시 Stadt in Eisen」를 해석하려고 한다.

는 현장으로서의 대도시는 인간과 기계의 갈등을 유발시킴으로써 기계에 의한 인간의 소외라는 문제를 낳기도 한다.[37] 대도시는 산업 문명이 구축한 공간인 것이다.

　서양에서 중세가 붕괴된 후 유럽의 여러 지역에서 발생한 도시라는 생활 공간은 특히 생산 방식의 기계화를 가져온 산업 혁명과 더불어 점차 대형화의 추세를 띠게 되었다. 서구 자본주의의 전개를 이해하는 데 가장 결정적 요소로서 많은 사회과학자들이 지적하는 내용인 '거주지와 작업장의 분리'는 생산 방식이 가내 수공업 형태에서 공장제 생산 형태로 이동되었음을 보여주며, 공장으로 대표되는 작업장이 밀집한 곳이 바로 도시이다. 작업장이 특정 지역에 밀집되면서 점차 대형화된 현장이 대도시인 셈이다. 공장이라는 특정 공간에서 가속화된 생산 방식의 기계화와 인구의 급격한 이입으로 형성된 대도시 공간은 대도시와 기계 문명, 인간과 대도시, 인간과 기계라는 복합적 문제를 야기시킨 공간이 된 것이다. 이런 문제는 야콥 반 호디스 Jakob van Hoddis, 요하네스 베허 Johannes R. Becher, 루드비히 루비너 Ludwig Rubiner, 에른스트 슈타들러 Ernst Stadler, 아르민 베그너 Armin T. Wegner, 알프레트 리히텐슈타인 Alfred Lichtenstein, 알버트 에렌슈타인 Albert Ehrenstein, 빌헬름 클렘 Wilhelm Klemm, 게리트 엔겔케 Gerrit Engelke, 이반 골 Yvan Goll, 알프레트 볼펜슈타인 Alfred Wolfenstein, 파울 체흐 Paul Zech 등 대도시를 그들의 시에서 중심 소재의 하나로 삼았던 시인들뿐만 아니라, 표현의 천재성과 시세계의 심오함에서 단연 독일 표현주의 문학의 최고봉에 위치하는 게오르크 트라클 Georg Trakl, 니체의 영향을 깊게 받아 서구의 전통

---

37) 위에서 최대한 축약하여 정리한 내용은 이미 「산업 문명과 현대적 현실」 및 「시적 주체성의 객체성」에서 상세히 논의된 바 있다. 따라서 인용과 예증을 생략한다.

적 가치에 대한 전면 부정을 시적으로 시도함으로써 20세기 전반부의 독일시에 결정적 충격을 준 고트프리트 벤Gottfried Benn에서도 서정시적 형상화의 대상이 되었다. 대도시의 문제는 독일 표현주의 시 전체를 관통하여 흐르는 주제 의식인 것이다. 이 문제가 이처럼 수많은 시인들의 시에서 주제화 Thematisierung되었음에도 불구하고 여기에서 우리는, 앞에서 언급하였듯이, 파울 체흐의 시 「철로 이루어진 도시Stadt in Eisen」를 분석하는 데 그치기로 한다.

절규한다── : 철로 된 도시!
강철로 만든 거대한 가위들이 마치 탑처럼
거기에서 너를 이미 움켜쥐고,
네 숨쉬는 것, 생각하는 것, 그리고 네 얼굴까지도 짓누른다.
가난으로 가득찬 가스가 네 피를 뚫고 곪아 있고,
천 개의 발을 가진 벌레떼처럼
네 근육에서 너를 찌른다.

담벽 블록들에서는 결코 만족할 줄 모르는
담벽의 층이 마치 고래를 잡는 작살처럼
너를 찌른다.
너와 똑같은 천 개의 층에서 너는 용접이 되어 있고
철로 만들어진 음식이 해를 거듭하면서
너희들을 더욱 포위한다.

너희들의 이마에 새겨져 있는 루네 문자[38]는
더 이상 흉터가 아니다. 너희들은 눈멀게 되었고,
너희들은 짐승의 단계로 되던져졌다.
썩은 냄새가 진동하는 지하실에서, 쓰레기로 가득찬 구역에서,

---

38) 고대 게르만의 문자임. 원래 '비밀'이라는 뜻이다.

썩은 시체와 구더기를 보면서 삶의 욕구는 시들어가고
짐승처럼 죽는다.

밤은
혼란을 보여주는, 불로 만든 왕관(王冠)들과 더불어
너희들이 꾸는 꿈들을 뚫고
유혈에 가득찬 채 눈부시게 자주 빛난다.
그리고 나서 밤이 내미는 발톱들이
근심에 차 있는 피부를 향해 깊게 달려들고,
주먹들은 마침내 저 위에서 왕좌에 오르려고 한다.

도시는 너희들이 받는 저주가 무력함을 비웃는다.
도시는 승리의 포효를 뻔뻔스럽게 섬광처럼
극에서 극으로 발한다.
집들의 앞에서는 감시자들이 피스톨을 뽑아든 채
고래고래 소리치고, 그들은
총살된 사람들의 얼굴과 그들이 풍기는 악취에
삽으로 석회를 뿌린다.

그리스도의 십자가 상이,
교회 주변에 늘어선 창녀촌에서 곰팡이가 슬어 있다.
성찬대 앞에서는
황금을 찬양하는 무리들이 무릎을 꿇고,
천사인 황금의 신이 째진 눈으로
유향 단지에 쌓아놓은 공물(貢物)을 쳐다본다.
시기하는 눈빛으로

도시는 탐욕에 가득찬 붉은 자궁 위로
찢어지듯 파고들며,
다리 위에 놓은 철로를 쿵쿵거리게 한다.
운송 화물은 천 배나 되는 무게를 싣고 달린다.

마치 만족할 줄 모르는 살찐 배처럼
강철은 이자(利子)가 되고, 석탄은 유가 증권이 된다.

게으름뱅이들의 천국에서 들려오는 담시(譚詩)가
너희들 바보들의 귀에 경보처럼 울려퍼진다.
너희들은 두번째로 가슴의 피를 손에 뱉는다.
너희들은 이 세계에 대해 너무 미약한 존재로 태어났나니.

도시는 검게 얼어붙은 운하들, 그리고 소름끼치는 공포의
냉혹한 거미망을 넓혀간다.
너희들은 거미망 아래서 바닥 위로 떠오르고,
거기가 너희들의 집이 된다.
뾰족한 쇠말뚝들로 만들어진 어느 수용소에서
너희들은 영면하고 있다.

바람이 저쪽으로 소리를 내며 지나가고,
너희들의 눈을,
마치 둥글고도 잘 길들여진 커다란, 개의 눈을 누르듯이
부드럽게 누른다.
바로 그 밑에서 너희들은 마침내
가난에 찌든 사람들 앞에서 평온을 갖는다.
너희들의 아들들은
붕대로 감지도 못한 상처들의 고름을 상속받는다.

Schrei——: Eisenstadt! Da packen dich der Türme
Stahlscheren schon und pressen Atmung, Denken und
Gesicht.
Das Gas der Armut eitert durch dein Blut und sticht
im Fleisch wie Rudel tausendfüßiger Gewürme.

Es nagelt dich an Mauerblöcke die Harpune
der nimmersatten Schicht. Du bist geschweißt
an tausend deinesgleichen und die Eisenspeise kreist
von Jahr zu Jahr euch enger ein, Die Rune

auf euer Stirn vernarbt nicht mehr. Ihr seid geblendet,
ihr seid zurückgeworfen auf die Stufe Tier.
In faulen Kellerlöchern, Dreckquartier,
da welkt die Lust bei Aas und Maden und verendet.

Die Nacht blitzt manchmal mit den Feuerkronen
der Anarchie durch eure Träume blutig grell.
Dann krallen sich die Nägel tief ins Sorgenfell,
Und Fäuste wollen endlich oben thronen.

Die Stadt verlacht die Ohnmacht eurer Flüche.
Die Stadt funkt Sieggeheule frech von Pol zu Pol.
Und vor den Häusern poltern Wächter mit gezogenem
Pistol
und schaufeln Kalk auf der Erschossenen Gesichter und
Gerüche.

Das Kruzifix verschimmelt in den Hurenecken
der Kathedrale. Vor dem Altar kniet
die Jüngerschaft des Goldes, Und der Engel Mammon
sieht
schlitzäugig scheel auf den Tribut im Weihrauchbecken.

Die Stadt reißt auf den roten Schoß der Gier
und läßt die Eisenbahnen über Brücken krachen.
Da rollt die Fracht dem nimmersatten Bauch mit

tausendfachen

Gewichten zu. Und Stahl wird Zins, und Kohle Wert-
papier.

Es schmettern die Sierenen in die Ohren
euch Toren die Ballade vom Schlaraffenland.
Ihr spuckt zum zweiten Male Herzblut in die Hand
und seid für diese Welt zu klein geboren.

Die Stadt streckt schwarzgefrorene Kanäle,
das kalte Spinnennetz des Grauens aus.
Ihr taucht hinunter auf den Grund, ihr seid zu Haus
und ruht auf einem Lager spitzer Pfähle.

Hin rauscht ein Wind und drückt euch lind die runden
demütig großen Hundeaugen zu.
Da unten habt ihr endlich vor den Quälern Ruh.
Und eure Söhne erben die Geschwüre unverbundener
Wunden.[39]

시적 형상화를 통하여 보여지는 현실은 실제의 현실이 아니다. 예술의 세계는 가상 *Schein* 의 세계이다. 그럼에도 서정시가 보여주는 가상이 실제 현실이거나 실제 현실이 될 수 있는 가능성[40]을 보유하는 것은, 시에서 사용된 개별 언어나 시적 형상

---

39) Paul Zech, "Stadt in Eisen," in: Wolfgang Rothe(hrsg.), *Deutsche Großstadtlyrik vom Naturalismus bis zur Gegenwart*, Stuttgart, 1981, S. 207.

40) 이것은 플라톤 이래 서구의 예술 이론에서 일관되게 주장된 테제이다. 헤겔은 예술 작품이 예술가의 정신적 행위 및 활동의 산물이라는 사실을 강조하면서, 인간이 자신의 내적 세계와 외적 세계를 하나의 대상으로 삼아 정신적 의식으로 끌어올리려는 필요성에서 예술이 발생한다고 보았다. 그에 의하면 그러한

*lyrische Bilder*에서 나타난──시적 현실과 실제 현실을 매개하는──상징적 특성이 독자에게 일반적으로 인식되어질 수 있기 때문이다. 감각적이고, 독자에게 마치 그림처럼 다가오는 시적 형상은 그것이 지시하고자 하는 의미 내용을 독자에게 직관으로 다가오게 할 수 있는 능력을 보인다. 시적 언어의 이런 능력을 우리는 시에서 보이는 상징 *Symbol*의 힘으로 이해할 수 있겠다. 독자에게 직관으로 다가오는 의미의 차원을 만약 개념을 통해 체계적으로 정리한다면, 이는 작품에 대한 해석과 연구에 근거한 문학사적 작업이 된다. 과거의 문학 작품에 대한 문학사적 정리가 과거 역사에 대한 이해에 일조를 담당할 수 있는 근거도 바로 가상에 지나지 않는 문학 작품이 그러나 실제 현실과 깊은 연관 관계를 맺고 있다는 데서 찾아질 수 있다. 이렇게 보았을 때 「철로 이루어진 도시」는 가상의 세계에 지나지 않지만, 그럼에도 우리에게 역사적 인식을 제공할 수 있다. 이 시의 경우, 이런 인식을 제공하는 근거를 우리는 기술 문명에 대한 비판에서 찾을 수 있다.

철은 기계 및 기계 문명을 상징하는 대표적 금속이다. 이 시에서 특징적인 점은, 철로나 피스톨, 강철, 쇠말뚝에서 보이는 것처럼 철이나 철로 만든 기계에 대한 직접적 표현이 발견될 뿐만 아니라, 도시 전체가 철에 의해 만들어진 기계로 표현되고 있다는 것이다. 도시는 기계인 것이다. 기계는 그 자체로서 생

대상에서 인간은 자신을 다시 인식할 수 있는 가능성을 발견할 수 있다는 것이며, 이와 같은 가능성의 구체적 산물이 바로 가상이라고 보았다(Vgl., G. W. F. Hegel, *Vorlesungen über die Ästhetik. Erster und zweiter Teil*, Hrsg. von R. Bubner, Stuttgart, 1980, S. 37~151). 헤겔이 보았던 가상은 아도르노에 이르러 더욱 다양한 각도로 해석되었으며, 아도르노는 가상을 부정적 현실에 대한 예술적 비판의 산물이자, 보다 나은 현실에 대한 가능성을 예술에서 실현시켜주는 요소로 파악하였다(Vgl., Theodor W. Adorno, *Ästhetische Theorie*, 5. Aufl., Frankfurt/M, 1981, S. 154ff.). 예술적 가상에 대한 체계적인 논의는 다음의 책을 참조할 것(Willi Oelmüller(hrsg.), *Ästhetischer Schein*, Paderborn u. a., 1982).

명력을 가지며, 사람들을 이런 생명력에 종속시킨다. 생명력을 가진 기계에 의해 도시가 의인화된 것이다.

철로 만든 기계처럼 움직이는, 그것 자체로서 생명력을 가진 도시는 개인의 무력감에 대해서 절대적 우위를 확보하는 사물 세계이다. 사물 세계의 절대적 우위가 유럽의 현대 문학을 이해하는 데 중요한 징표가 되는바,[41] 이 시에서도 도시는 개인에 대해 절대적 권력을 가지고 있음이 표현되고 있다. 제1련, 2련, 5련에서 시인은 철로 이루어진 도시가 인간을 물리적으로 지배할 뿐만 아니라 인간의 정신과 사고까지 철저하게 지배함을 보여주고 있다. 시인은 메타포의 잔인함 *Brutalisierung der Metapher*,[42] 추함 *Häßlichkeit* 의 메타포, 과장법, 의인화가 총체적으로 결합된 표현 수단 및 기술을 구사하여 도시의 위력과 폭력을 독자에게 매개하고 있는 것이다. 이는 도시에 대한 비판이며, 곧바로 기술 문명에 대한 비판에 다름이 아니다. 제5련의 첫 행인 "도시는 너희들이 받는 저주가 무력함을 비웃는다"는 거대한 힘을 가진 채 기계처럼 작동하는 도시에 대해 인간은 더 이상 그 어떤 저항도 시도할 수 없음을 표현하고 있다. 제3련은 도시에 의해 비하된 인간의 모습을 짐승으로 표현하는 극단적 메타포를 보이며, 제4련은 도시의 밤을 폭력과 동치시키고 있다. 제6련과 7련에서는 물신주의 *Warenfetischismus*의 구체적 현장으로서 도시가 고발되고 있으며, 과거의 시에서――

---

41) 게오르크 루카치는 『소설의 이론 *Die Theorie des Romans*』에서 이미 '제2의 자연 *die zweite Natur*'이라는 개념을 이론적으로 도입하였으며, 자연과학의 발달과 더불어 특히 19세기 이래 '제2의 자연'이 '제1의 자연'을 점차 압도해가는 것으로 파악하였다(Vgl., G. Lukács, *Die Theorie des Romans*, Neuwied/Berlin, 1974, S. 55ff.). '사물 세계 *Dingwelt*'는 '제2의 자연'을 보다 일반적으로 표현하는 용어로 해석되어질 수 있으며, 테오도르 아도르노는 유럽 현대 문학의 핵심적 주제 의식의 하나로서 '사물 세계의 우위와 개인의 무력함'을 들고 있다. 이런 생각은 그의 『예술 이론 *Ästhetische Theorie*』와 『문학론 *Noten zur Literatur*』의 전편에 걸쳐 개진되고 있다.
42) 이에 대해서는 「산업 문명과 현대적 현실」을 참조할 것(p. 76).

보들레르와 랭보 정도를 제외하고는——거의 찾아볼 수 없었던 신성 모독[43]이 그리스도의 십자가 상과 창녀촌을 연관시킴으로써 표현되고 있다. 도시가 인간을 지배하는 생활 공간으로서 그 위력과 폭력을 갖는 한, 인간의 삶의 모습은 체념과 무력함에 머물러 있을 수밖에 없다는 것을 제9 련과 10련이 보여주고 있다. 기계 문명의 전시장으로서 인간을 지배하는 도시에 비해 인간은 "너무나 무력한 존재로 태어난"(제8 련) 것이다.

파울 체흐의 「철로 이루어진 도시」는 기술 문명의 구체적 전시장으로서의 대도시가 그것 자체로서 공포스러운 생명력을 지니면서 인간을 철저하게 지배함을 형상화시켜주고 있다. 이 같은 시적 형상화는 기술 문명에 대한 비판에 다름이 아니다. 기술 문명이 인간을 완벽하게 지배할 수 있다는 인식을 파울 체흐는 "너희들은 이 세계에 대해 너무 미약한 존재로 태어났나니" 하고 외침으로써 우리에게 매개하고 있다.

II. 전쟁에 대한 비판

독일 표현주의 문학은 제1 차 대전 전야에 태동하여 이 전쟁과 더불어 더욱 과격한 주관성과 행동성을 표출하다가, 1920년대 초반에 당시의 중심 문예사조로서의 비중을 이미 상실하기 시작하였다. 전쟁 전야의 초기 독일 표현주의 시는 '세계의 종말'을 경고하고 문명을 비판하였지만 새로운 세계에 대한 강력한 열망을 구체적으로 표현하는 것을 주저하였다. 그러나 독일 표현주의 시인들은 제1 차 대전에 실제로 참전하여 이 전쟁의 잔인함과 참혹함을 경험하면서 '세계의 변혁'을 보다 적극적으로 요구하였다. 기술 문명의 가공할 파괴성과 폭력성이 구체적

---

43) 독일 표현주의와 신의 관계에 대해서는 다음의 논문을 참조할 것(Vgl., W. Rothe, "Der Mensch vor Gott: Expressionismus und Theologie," in: Ders.(hrsg.), *Expressionismus als Literatur*, a. a. O., S. 37~68).

으로 드러난 역사적 실례로서의 제1차 대전은 외부 세계를 지각하는 시인의 주체성을 더욱 부정적으로 되게 하는 동인으로 작용한 것이다. 예술가가 지각하고 경험하는 외부 세계가 부정적으로 되면 될수록, 작품에서 표현된 부정성이 더욱 극단화되고 과격해진다.[44] 제1차 대전 전의 전쟁이 병력 중심으로 실행된, 소총 정도의 무기와 사람이나 동물이 끄는 재래식 대포를 운용하는 정도의 전쟁 형태였다면, 제1차 대전은 전쟁의 형태를 완전히 바꾸어놓은——이전에 인류가 경험하지 못했던——대재난이었다. 그것은 한마디로 기계화된 전쟁이었으며, 생물학과 화학과 같은 기초 자연과학이 전쟁에 악용될 수 있음을 여실히 보여준 전쟁이었다. 기관총, 차량이 끄는 대포, 전투기, 잠수함, 장갑차와 같은 새로운 무기가 등장하였을 뿐만 아니라, 독가스, 세균 등이 전쟁에 투입되기도 하였다. 한마디로 제1차 대전은 기술 문명의 진보가 전쟁에 악용되어 그것이 인간을 대량으로 살상할 수 있음을 보여준 대재난이었다. 전쟁은 게오르크 하임, 게오르크 트라클, 알버트 에렌슈타인, 요하네스 베허, 프란츠 베르펠Franz Werfel, 알프레트 리히텐슈타인 등의 시에서 주된 소재의 하나가 된다. 제1차 대전은 또한 독일 표현주의 시인들을 전쟁터로 나가게 하였으며, 그들 중 많은 시인들이 전사하였다. 약무 장교로서 실제로 제1차 대전에 참전하였으며, 전쟁의 비인간성을 시적으로 형상화시키는 데 있어서도 독일 표현주의 시의 정점을 보여준 트라클은 그의 시 「인류Menschheit」에서 전쟁을 인간성의 극단적 타락으로 고발하고 있다.

인류는 불로 가득찬 포구 앞에 세워져 있다.

---

44) 이것은 아도르노가 '예술적 부정성 *ästhetische Negativität*'으로 이해한, 유럽의 학계에서 많은 설득력을 획득하고 있는 테제이다(이에 대해서는 글쓴이의 책 『아도르노의 사회 이론과 예술 이론』을 참조할 것. S. 151~248).

쉬지 않고 울리는 북소리, 병사들의 검은 이마,
피로 물든 안개를 뚫고 걸어가는 발자국 소리,
검은 쇠붙이 소리가 요란하게 울린다.
절망, 뇌수까지 파고들어오는 슬픔에서 밤은 찾아오고.
여기 이브의 그림자, 사냥, 그리고 번쩍이는 돈.
빛을 꺾어버리는 구름, 만찬.
빵과 포도주에는 유연한 침묵이 깃들이고
그리고 열두 제자가 모여 있다.
그들은 올리브나무 밑에서
잠자면서도 밤에 소리친다.
성 토마스가 그리스도의 상처에 손을 올려놓는다.

Menschheit vor Feuerschlünden aufgestellt,
Ein Trommelwirbel, dunkler Krieger Stirnen,
Schritte durch Blutnebel; schwarzes Eisen schellt,
Verzweifelung, Nacht in traurigen Gehirnen:
Hier Evas Schatten, Jagd und rotes Geld.
Gewölk, das Licht durchbricht, das Abendmahl.
Es wohnt in Brot und Wein ein sanftes Schweigen
Und jene sind versammelt zwölf an Zahl.
Nachts schrein im Schlaf sie unter Ölbaumzweigen;
Sankt Thomas taucht die Hand ins Wundenmal.[45]

　트라클의 서정시를 관통하는 주제 의식은 죄의식·죽음·타락·절망·고통 등이다. 보들레르와 랭보의 영향 및 가정에서의 불륜이 배경이 되어 나타난 죄의식과 타락 의식에 의한 트라클의 고통은 제1차 대전에 참전하는 것을 계기로 해서 전혀 다른 차원으로 변화된다. 참혹함의 극치를 보여주는 전쟁터에서 그는

---

45) Georg Trakl, "Menschheit," in: Otto F. Best(hrsg.), *Expressionismus und Dadaismus*, Stuttgart, 1984, S. 49.

정신 이상을 일으키게 된다. "트라클은 그로데크 Grodek[46] 전투가 끝난 후 수많은 부상자들을 혼자서 치료해야 하는 고통을 체험하였으며, 이때 그를 도와주는 것은 아무것도 없는 상태였다. 부상자들 중의 하나가 견딜 수 없는 고통으로부터 벗어나기 위하여 머리에 총을 쏘아 총알이 어떻게 머리를 뚫는가를 그는 여기에서 보아야만 하였다. 몇 시간이 지난 후 그는 부상자들의 한가운데서 자신을 스스로 사살하려고 하였다."[47] 이처럼 견딜 수 없는 고통을 주는 현실을 그는 신도 떠나버린 현실로 인식하였다.

무기를 상징하는 것으로 보이는 "검은 쇠붙이 소리"와 피로 물든 전쟁터를 극명하게 지각시키는 "피 안개"의 메타포는 기계 문명이 동원되어 인간을 말살시키는 참극을 공감각적으로 표현하고 있다. 색채와 음향의 배합은 전쟁의 비참함을 독자에게 매개하는 데 있어서 그 효과를 극대화시키고 있는 것이다. 이러한 시적 효과는 절망과 고통이라는 이 시의 주제 의식과 자연스럽게 연결되어 독자에게 전쟁의 비인간성을 알리고 있다. 마지막 행이 보여주듯이, 이 시에서 그리스도는 부활하는 자로 표현되고 있으나, 인간이 부활하는 것, 즉 인간성을 회복하는 것에 대한 트라클의 희망은 그러나 절망적이다. "뇌수까지 파고들어오는 슬픔"을 극복할 수 있다는 희망에 대한 염원은 전혀 표현되고 있지 않다. 신에 의하여 버림받고 저주받은 세계가 그럼에도 다시 신의 은총을 입게 되리라는, 서양인들이 결코 포기하지 않는 종교적 믿음조차도 시인은 포기하고 있는 듯이 보인다. 트라클은, 기술 문명이 악용되어 그 참혹함을 극단적으로

---

46) 폴란드의 지명임. 1914년 연합군측과 오스트리아군이 격전을 벌였던 곳이며, 트라클은 이 전투에 참가하였다. 그는 이 지명을 그대로 사용하여 시 「그로데크」를 썼다.

47) Johannes Klein, "Georg Trakl," in: W. Rothe(hrsg.), *Expressionismus als Literatur*, a. a. O., S. 383.

보여주었던 제1차 대전을 이처럼 극단적인 부정성을 통하여
인식하고 비판함으로써 기술 문명에 대해서도 간접적 비판을
가하고 있는 것이다.

1911년 「황혼 Die Dämmerung」을 발표함으로써 야콥 반 호
디스와 더불어 독일 표현주의 시의 전개를 알렸던 알프레트 리
히텐슈타인도 그의 전쟁시 「자르부르크에서의 전투 Die Schlacht
bei Saarburg」에서 무기가 인간과 자연을 절멸시키는 것을 생
생하게 표현하고 있다.

대지는 안개 속에서 곰팡이가 슬어 있다.
밤은 마치 납덩이처럼 무겁게 눌려 있다.
전기 불빛을 일으키며 쾅 하는 소리가
주변을 찢어놓는다.
그리고 모든 것은 신음하면서 둘로 쪼개진다.

마을들은 지저분한 쓰레기처럼
지평선에서 먼지를 일으킨다.
기관총이 따따따따 소리내는 사선(射線)에
나는 앉아 있다.
신으로부터 버림받은 채

구리로 된, 적들이 쏘는 많은 새들이
가슴과 뇌수 주위로 윙윙거린다.
나는 내 몸을 수직으로 일으켜
음울함 속으로 나를 집어넣고
살육에 내 이마를 바친다.

Die Erde verschimmelt im Nebel.
Der Abend drückt wie Blei.
Rings reißt elektrisches Krachen

Und wimmernd bricht alles entzwei.

Wie schlechte Lumpen qualmen
Die Dörfer am Horizont.
Ich liege gottverlassen
In der knatternden Schützenfront.

Viel kupferne feindliche Vögelein
Surren um Herz und Hirn.
Ich stemme mich steil in das Graue
Und biete dem Morden die Stirn.[48]

트라클과 마찬가지로 리히텐슈타인도 제 1 차 대전에서 전사
한 시인이다. 기관총처럼 살상 능력이 뛰어난 무기가 동원된 전
쟁이 인간을 철저하게 유린하는 현실을 시인은 "살육에 내 이
마를 바친다"라고 절규하듯이 표현하고 있다. 산산조각이 나서
쓰레기 더미처럼 되어버린 마을들에서 시인이 외칠 수 있는 것
은, 신도 인간을 떠나버리고 말았다는 절망적 절규일 뿐이다.
"새처럼 날아오는 총알"이나 "기관총이 따따따따 소리내는 사
선," 그리고 "전기 불빛을 일으키며 쾅 하는 소리"와 같은 메
타포에서 보이듯이, 대량의 살상 능력과 파괴력을 가진 무기가
모든 것을 파괴할 수 있다는 것을 이 시는 독자에게 생생하게
전달하고 있다.

　우리는, 트라클과 리히텐슈타인의 전쟁시가 무기를 구체적으
로 상징하는 메타포와 대량 살상과 파괴를 독자에게 인식시키
는 메타포를 구사함으로써 대재난이었던 제 1 차 대전의 비인간

---

48) A. Lichtenstein, "Die Schlacht bei Saarburg," in: K. Pinthus(hrsg.),
　　Menschheitsdämmerung, Ein Dokument des Expressionismus, Ham-
　　burg, 1983, S. 88.

성을 고발하고 있음을 알 수 있었다. 이는 대량 살상을 가능케 하는 기계로서 등장한 무기가 인간에게 참극을 불러일으키고 있음을 고발하는 것에 다름이 아니며, 기술 문명에 대한 간접적 비판이기도 하다. 대도시 시와 전쟁시는 기술 문명의 파괴적 속성을 우리에게 가장 직접적으로 인식시켜주는, 독일 표현주의 시인들이 남겨놓은 문학적 역사 서술의 구체적 실례이다.

Ⅲ. 노동 세계 및 기술에 대한 비판

산업화는 노동의 형태, 노동력의 조직화 및 운용을 구조적으로 변화시킨다. 산업화 이전의 노동이 생존을 위해서 자발적으로, 그리고 개별적으로 행해지는 형태, 토지나 자본을 소유한 자에게 고용되어 이루어지는 형태, 또는 국가 권력에 의하여 강제적으로 부과되었던 형식을 지니고 있었다면, 산업화는 노동력을 공장이라는 특정 공간에 급속도로 밀집시켰을 뿐만 아니라 노동의 양과 질, 노동의 과정까지도 인위적으로, 때로는 기계의 힘을 빌려 통제하는 가능성을 열어놓았다. 인간의 노동은 평균치적으로 통제되는 단계에 접어들며, 노동력을 제공하는 원천으로서의 인간은 평균치 인간 *Durchschnittsmensch*으로 변모한 것이다. 산업화는 또한 노동력을 구체적으로 제공하는 원천으로서의 노동자 계층과 노동력을 조직적으로 사용하는 자본가로서의 사용자 계층을 뚜렷하게 구분시켜놓았다. 이런 계급 구조는 산업 사회에 있어서 계급 갈등이라는 문제를 유발시켰는바, 산업화 이전의 사회에서의 계급이 특히 신분에 의해 구조화되었다면 산업화는 노동과 자본이라는 요소가 계층을 결정짓는 결정적 요소로 등장되었음을 알리고 있는 것이다. 노동 세계의 구조적 정착화는 이를 인식하는 시인의 주체성에도 직접적인 영향력을 행사한다.

우리가 앞서 강조하였듯이, 산업화는 기술의 전개를 빼놓고는

생각되어질 수 없다. 두 요소는 상호간에 서로 영향을 미치면서
전개되는 것이다. 독일에서의 급격한 산업화의 결과로 새롭게
출현한 산업 세계와 이에 상응하여 형성되는 노동 세계, 그리고
이러한 세계가 작동할 수 있게끔 해주는 결정적 요소인 기술에
대한 문학적 인식을 우리는 독일 표현주의 시에서 확인할 수 있
다. 이에 대해 칼하인츠 다니엘즈 Karlheinz Daniels는 다음과
같이 명쾌하게 정리하고 있다: "기술을 고찰하는 데 있어서 가
장 직접적으로 다가오는 문제는, 기술적－산업적으로 제품을 완
성하는 작업 과정에서 노동하는 인간에 관한 문제이다. 바로 이
와 같은 작업 과정에서 노동 세계의 구조적 변환은 심각한 결과
를 초래하게 되었다. 여기에서 개별 인간은 인간을 위압하는 산
업적 현실이 직접적이고도 총체적으로 제기하는 요구와 자신이
적대적 관계에 놓여 있음을 보았다. 이런 조건들로부터 광범위
한 노동 및 산업 문학 *Arbeits- und Industriedichtung*이 형성
되었다. 이 문학을 독일 표현주의 문학에 정리하는 것은 시대적
이유에서 정당화될 수 있을 뿐만 아니라, 이 문학이 표방하는
정열, 이것이 고백하는 바, 그리고 이것이 사회적 차원에서 제
기하는 유토피아주의가 분명히 표현주의에 참여하고 있음을 보
여주기 때문이다."[49] 노동 세계에 대한 인식은 파울 체흐, 이반
골, 요셉 빈클러 Josef Winckler, 하인리히 레르쉬 Heinrich
Lersch, 르네 쉬켈레 Rene Schickele, 칼 오텐 Karl Otten의 시
에서 가시화되며, 그 대표적 예를 우리는 칼 오텐의 시에서 보
기로 한다. 먼저 노동 세계에 대한 그의 비판적 인식은 그의 시
「노동자들이여! Arbeiter!」[50]에서 확인된다.

---

49) Karlheinz Daniels, "Expressionismus und Technik," in: W. Rothe
(hrsg.), *Expressionismus als Literatur*, a. a. O., S. 175.

50) 이 시는 원문으로 2쪽이 훨씬 넘는 장시이다. 이 시의 앞부분만 보아도 노동
세계에 대한 시인의 부정적 인식이 확연하게 드러나기 때문에 여기에서는 일
부분만 인용하기로 한다.

노동자들이여! 수레 바퀴, 선반(旋盤), 망치, 손도끼, 쟁기에서
단련된 프로메테우스!
빛을 잃은 너 프로메테우스를 소리쳐 부른다!
거친 목소리, 조야한 주둥이로 너를 부른다.
네 몸은 땀, 상처, 그을음, 더러움으로 가득차 있고,
이것들에 너를 종속시켜야만 하네.
나는 너희들에게 묻지 않으리,
어떤 일을 하는지,
너희들의 노동이 무엇에 기여하는지,
정당한 것인지, 부당한 것인지,
임금이 좋은지, 나쁜지, 임금이라는 것이
도대체 너희들의 험한 노동을 보상할 수 있는지,
돈이라는 것이 노동의 표시인지,
돈이라는 것이 너희들의 노동에 임금을 주어
가치 있게 해주는 것인지, 아무런 죄의식 없이.
이 밤은 이미 여러 해 전부터
새까만 음침함을 오랫동안 보존시키고,
이 밤은 습기에 가득찬 너희들의 윗옷을
입다문 우리들 앞에서 둥근 덩어리로 말아왔나니.
너희들의 얼굴이 분노에 가득차 붉어지는지,
나는 보고 있지 않네.
어느 누구도 너희들의 가슴을 쳐다볼 수 없고.
그럼에도 불구하고, 그럼에도 불구하고 너희들이
숫자에 지나지 않음을 너희들은 알고 있다!
그곳이 어디이든지: 공장에서나, 감옥에서나,
병영의 야전 병원에서나, 공동 묘지에서나,
그런 곳에서 너희들은 통계를 위한
존재에 지나지 않나니.
통계의 합계, 상승, 하락, 정체를 위한 존재이나니.
모든 신문에서 읽을 수 있는.

Arbeiter! Dich an Rad, Drehbank, Hammer, Beil, Pflug
geschmiedeten Lichtlosen Prometheus rufe ich auf!
Dich mit der rauhen Stimme, dem groben Maul.
Dich Mensch voll Schweiß, Wunden, Ruß und Schmutz
Der du gehorchen mußt.
Ich will euch nicht fragen, was ihr da arbeitet.
Wozu es dient, ob es recht oder unrecht,
gut oder schlecht gelohnt,
Ob überhaupt ein Lohn euch vergelten kann
eure finstere Arbeit.
Ob überhaupt Geld ist der Ausdruck oder das Pflaster
Das diese Arbeit unschuldig sinnvoll eines Lohnes
wert macht.
Diese Nacht währt lang seit Jahren schwärzeste
Finsternis
Ballt sie ihr feuchtes Hemd vor unseren stummen
Mund.
Ich sehe nicht, ob ihr errötet.
Niemand kann in euer Herz schaun.
Ihr wißt trotz allem trotz allem
Daß ihr Nummern seid!
Gleichwo: in der Fabrik im Gefängnis im Lazarett in
der Kaserne
auf dem Friedhof,
Ihr seid da für eine Statistik deren Summe, deren
Steigen, Fallen, Stocken
In jeder Zeitung zu lesen ist.[51]

---

51) Karl Otten, "Arbeiter!" in: K. Pinthus(hrsg.), *Menschheitsdämme-*
rung, a. a. O., S. 227~28.

공장을 상징하는 앞부분에서는 노동자가 공장의 노동 형태에 종속되어 있음이 표현되고 있다. 이것은 기계에 종속된 인간의 모습이며, "땀, 상처, 그을음, 더러움"의 메타포는 중노동에 시달리는 노동자의 모습을 확연하게 보여주고 있다. 공장 노동에 의하여 철저하게 조직된 채 작동하는 노동 세계는 노동을 제공하는 당사자인 노동자들의 존재에 대해 관심이 없으며, 임금이라는 형태가 유일한 보상책에 불과하다. 시인은 임금의 의미를 묻고 있으며, 임금이 인간을 대체하는 것에 대해 비판적이다. 산업 세계는 노동자들이 노동을 통하여 성취한 결과에 대해서 다만 통계적으로 관리할 뿐이라는 시인의 고발은 인간에 의하여 조직된 사회가 인간에게서 인간성을 탈취하고 있음을 역설적으로 인식시켜주고 있다. 이것은 노동 세계로부터 인간이 소외되어 있음을 표현하고 있는 것에 다름이 아니다. 노동자가 기계에 종속된 채 공장에서 노동을 제공함으로써 작동되는 노동 세계는 노동자를 통계 수치로 관리하는 비인간성을 보인다는 것을 시인은 "모든 신문에서 읽을 수 있는"과 같은 메타포를 통하여 독자의 의식에 매개하고 있다. 이는 외부 세계가 사물화되었음을 알리는 메타포로 해석될 수 있기도 하다. 시인은 노동 세계의 비인간성을 이처럼 고발하면서, 노동자에 대한 노동 세계의 절대적 우위를 독자에게 인식시키고 있는 것이다.

기술 문명에 토대를 두어 작동하는, 산업화된 노동 세계에 대한 칼 오텐의 문학적 비판은 기술 문명 자체에 대한 비판임과 동시에 기술 문명에 종속되어 인간성을 상실해가는 인간을 구원하려는 적극적 의지를 담고 있기도 하다. "사람들은 너에게 빵·돈·노동·허가를 주었다——나는 너에게 너의 가슴을 준다! *Man gab dir Brot Geld Arbeit und Erlaubnis——/Ich gebe dir dein Herz!*"[52]는 시인의 외침은 노동 세계를 비인간

---

52) *Ebd.* S. 229.

적으로 조직시키는 기술 문명에 대한 인간의 우위를 주장하는
것으로 볼 수 있다. 이는 기술에 대한 시인의 적대감이다. 칼
오텐은 이를 장시[53] 「마르티네트 Martinet 를 위하여」에서 보다
직설적으로 표현하고 있다.

> 네가 살아 있음을, 형제여, 그리고
> 네가 밤새 불안해하는 것을 나는 의심하지 않나니.
> 네가 가진 생각들은 금빛으로 된 꿀벌처럼 홍얼거리고,
> 밤의 나비들이 우리들의 인내하는 이마 주위를 맴돌고.
> 그것은 절망에 가득찬 밤, 어머니의 침묵,
> 어린이들의 꽃이 된다.
> 네가 보내온 인사는 나를
> 기계의 바퀴들로부터 떨어져나가게 한다.
> (기계: 우리가 이 짐승을 증오하듯이, 이 냉혹한,
> 철로 만들어진 살인의 주둥이.
> 다시는 기술과 함께 있지 말지어다!
> 다시는 기계와 함께 있지 말지어다!
> 우리는, 저주받은 악마와 같은 발명들에 대해
> 더 이상 알고 싶지 않나니.
> 너희들의 전기, 가스, 산〔酸〕, 화약, 탈것들, 그리고
> 배터리에 대해!
> 너희들 발명자들, 너희들을 저주하라.
> 빈 껍데기 같은, 어린 아이처럼 유치한,
> 살상을 즐기는 발명품들을 저주하라!
> 너에게 저주를, 시대여, 영광에 가득차 있고 우스꽝스러운
> 시대여,
> 기계여——모든 것은 공장이고, 모든 것은 기계이다.)
> · 내가 내 다리에서 다시 서 있게 해다오,

---

53) 이 시는 원문으로 4쪽에 달하며 7개의 연으로 구성되어 있다. 여기에서는 기
   술에 대한 적대감이 가장 격렬하게 표현된 제4련만을 보기로 한다.

너는 나에게 눈을 뜨게 해주고, 내 머리를 들게 해준다!
너는 내 손을 흔들고, 나는 너를 알아본다!
나는 모든 사람들에게 너에 대해 이야기했나니,
너는 살아 있고, 너와의 적대감이 더 이상 없고,
적은 발명(기계)이며, 인간이야말로 유일한 진실이라고,
그리고 인간은 진실, 희망, 믿음, 정의라고!
기계는 아무것도 *아니다!* 기술은 아무것도 *아니다!*
적은 아무것도 *아니다!* 증오는 아무것도 *아니다!*
적은──그렇지── *절멸시켜야 돼! 절멸을! 절멸을!*
적을 뿌리째 뽑아라, 적을 너희들의
가슴, 위장, 장에서 떼어버려라!
적은 독이다, 독! 더러운 것!
적은 존재하지 않는다!
다만 인간들이 존재할 뿐!

Ich habe nicht gezweifelt, daß du lebst,
Daß du dich ängstigst, Bruder, durch die Nacht.
Deine Gedanken summten gold'ne Bienen,
Schmetteringe der Nacht um unsere geduldigen Stirnen
Und es wird Trostnacht, Mutterstille, Kinderblume.
Dein Gruß hat mich aus den Rädern der Maschine
hervorgeklaubt.
(Die Maschine: wie wir dieses Vieh hassen, diese kalte
                Eisenmordschnauze.
Nieder mit der Technik, nieder mit der Maschine!
Wir wollen nichts mehr wissen von euren verdammten
                höllischen Erfindungen,
Euren Strömen, Gasen, Säuren, Pulvern, Rädern und
Batterien!
Fluch auf euch ihr Erfinder, ihr eitlen, kindisch

mordgierigen Konstrukteure !
Fluch dir, Zeitalter, glorreich lächerliches, der Maschine-
                    alles Fabrik, alles Maschine.)
Ich darf wieder auf meinen Beinen stehn, du öffnest
mir die
                    Augen, hebst meinen Kopf !
Du schüttelst mir die Hand, ich erkenne dich !
Ich habe allen von dir erzäht, daß du lebst und daß es
                    keine Feindschaft mehr gibt.
Daß der Feind eine Erfindung(Maschine), daß der
Mensch die
                    einzige Wahrheit,
Daß die Wahrheit, Hoffnung, Glaube, Gerechtigkeit *sind!*
Maschine ist *nicht!* Technik ist *nicht!*
Feind ist *nicht!* Haß ist *nicht!*
Er ist-ja-zu *vernichten!* zu *vernichten!* zu *vernichten!*
Rottet ihn aus, schmeißt ihn aus euren Augen,
Herzen, Mägen,
                    Därmen !
Gift, Gift ! Lüge, Dreck ! es gibt keinen Feind !
Nur Menschen ! [54]

   마르티네트는 오텐의 프랑스 친구였으며, 전쟁과 파괴에 대해 긍정적 입장을 가지고 있었다. 시인은 "네가 보내온 인사는 나를 기계의 바퀴들로부터 떨어져나가게 한다"라는 말로 기계를 옹호한 마르티네트와 결별한다. 자신의 입장을 분명히한 오텐은 이어지는 표현에서 기계와 기술에 대한 극도의 증오감과 적대감을 격렬하게 표출하고 있다. 이 시에 특징적인 점은 기계에

---

54) *Ebd.*, S. 241.

대한 증오감을, "이 냉혹한, 철로 만들어진 살인의 주둥이"와 같은 메타포에서 보이는 것처럼, 매우 구체적으로 표출할 뿐만 아니라, 기술을 여러 종류의 산업이 동시에 출현시키는 복합체적 현상으로 파악하고 있다는 것이다. 기계로 대표되는 발명품들은 기술의 산물이며, 기계에 대한 비판은 따라서 기술에 대한 비판인 것이다.

19세기 후반에 박차를 가한 독일의 급격한 산업화에 있어서 가장 중심적 역할을 담당한 산업은 역시 순수 기계 공업, 화학 공업, 전기 공업이었다. 순수 기계 공업은 한자 Hansa 도시의 성립 이래 독일에서 꾸준히 발전하였으며, 화학 및 전기 공업의 비약은 19세기 독일에서의 기초 자연과학의 눈부신 업적에 토대를 둔다. 기초 자연과학과 기술의 결합은 20세기초에 이미 독일을 단숨에 유럽의 선진 산업국의 지위로 끌어올린다. 오텐은 "전기·가스·산·화약, 탈것들, 배터리"와 같은 구체적 표현을 통하여 기술이 여러 산업에서 동시에 전개되는 현상이라는 사실과 이런 기술이 인간을 살상하는 것에 지나지 않는다는 점을 독자에게 매개하려고 노력하고 있다. "모든 것은 공장이고, 모든 것은 기계이다"라는 외침은 이미 외부 세계가 기술 문명에 의해 지배되고 있음을 알리고 있으며, 인간에 대한 기술 문명의 우위에 대해 시인은 "다시는 기술과 함께 있지 말지어다. 다시는 기계와 함께 있지 말지어다"라고 항거하고 있다. 기계 문명에 의해 지배된 시대를 저주하는 시인은 그러나 역설적이게도 이러한 시대가 기술에 대한 인간의 우위를 회복할 수 있게 해주는 가능성을 역설하고 있다. "너는 나에게 눈을 뜨게 해주고, 내 머리를 들게 해준다!"라는 깨임은 기술 문명이 인간을 지배하는 부정성을 극복하고 인간성을 회복하려는 시인의 의지를 대변한다. 마지막 부분에 이르러 시인은 기계와 기술을 인간의 적으로 규정하면서 기술 문명의 절멸을 요구하고 있다.

기술 문명을 아주 구체적인 시어와 메타포를 통해 형상화시
켜놓은 오텐의 시는, 시인의 주체성이 객체성을 획득하지 못한
채 자칫하면 선전 구호로 전락될 수 있는 위험성을 내포하고 있
음에도 불구하고, 기술 문명의 파괴성과 기술 문명이 초래하는
인간성의 위기를 충분히 경고하고 있다.

우리는 지금까지 독일 표현주의 시에서 나타난 기술 문명에
대한 비판적 인식을 대도시 시, 전쟁시, 산업 및 노동 세계를
주제로 다룬 시에서 분석해보았다. 우리의 분석에서 공통적으로
확인할 수 있었던 점은, 독일 표현주의 시가 기술 문명을 아주
구체적으로 비판하였다는 사실이다. 이런 비판은 문학에서 선취
된 기술 문명 비판의 의미를 지닌다.

6. 문학적 기술 문명 비판의 선취성·역사성·계몽성

과거의 문학 작품은 그것이 생산될 당시의 인간의 삶에 대한
총체적 서술이다. 문학 작품은 이렇게 해서 역사에 대한 서술이
되며, 시인이나 작가는 역사 서술자로서의 위상도 지닌다. 과거
의 문학 작품은 당시의 인간이 어떤 가치·도덕·윤리·전통·인
습·풍습 등을 가지고 있었으며, 이런 배경에서 어떻게 사고하
고 행위하였는가를 보여줌과 동시에 인간이 어떤 정치·경제·
사회적 질서 속에서 살았는가를 우리에게 경험하게 해준다. 한
마디로 문학은 인간의 문화에 대한 총체적 서술이자 인식인 것
이다. 문학 작품은 인간의 삶의 구체적 공간인 외부 세계를 경
험과학적으로 인식시켜주는 기능을 보유하지는 못하지만 외부
세계의 변화를 가장 민감하게, 때로는 매우 선취적으로 지각하
는 능력을 갖는다. 문학은 인식 대상에 대해 체계적으로 서술하
고 기록할 능력이 없음에도 불구하고 외부 세계에 대해 우리에

게 다른 어떤 분야보다도 앞서서 지각을 제공해주는 것이다. 독일 표현주의 시는 현대 인간의 삶에 가장 결정적인 영향력을 행사하는 기술 문명의 부정성을 그 어떤 다른 분야보다 앞서서 문학적으로 형상화시킬 수 있었다. 이는 역사에 대한 기록이자, 인식의 선취이다. 그러나 물론 이런 선취성이 학문적 인식에 대해 우월함을 주장할 수 있는 근거는 없다. 문학적 인식의 영역은 다만 학문적 인식의 공간보다 자유로운 재량을 가졌을 뿐이다. 따라서 문학적 인식은 논리적 통용성을 전혀 주장할 수 없다.

인간은 자신의 삶의 구체적 공간인 외부 세계를 인식하는 데 있어서 여러 가지 수단을 운용해왔다. 이에 대한 가장 보편적 수단은 학문이라는, 대상에 대한 일반적 인식을 목표로 하여 인간이 발전시켜온 수단이었다. 학문은 대상에 대한 일반적이고도 체계적인 인식을 의도하기 때문에 주장하는 바에 대한 근거를 세울 수 있어야 하며, 개념을 통한 논리를 구사하고 때에 따라서는 객관적인 자료를 사용해야 한다. 학문적 인식은 또한 학자들에 의한 대상 인식이기 때문에, 그들이 어떤 특정 대상을 인식하려고 할 때는 그것에 대해 이미 인식을 시도하였던 학자들의 견해를 일단 검토해야 한다. 학문에 내재하는, 자기 제약적 특성은 그러나 때로는 외부 세계의 급격한 변화를 적시에 인식하지 못하게 하는 요인으로 작용될 수 있다.

문학은 상상력을 매개로 하여 현실을 인식한다. 그것이 시인이나 작가의 주관적 능력 및 활동임에도 불구하고 때로는 그 어떤 다른 학문적 인식보다도 앞서서 외부 세계를 인식할 수 있다. 문제를 제기하여, 분석하고, 증명하며 결론을 유도하는 절차를 전혀 필요로 하지 않는 문학적 상상력은 외부 세계를 아주 민첩하게 인식할 수 있는 가능성을 스스로 갖고 있는 셈이다. 상상력이 외부 세계의 흐름을 민감하게 포착하고, 이 같은 포착

이 외부 세계를 객관적으로 나타낼 수 있는 표징들과 일치하는
문학적 표현으로 승화될 때, 우리는 학문적 인식에 앞서는 문학
적 인식의 선취성을 말할 수 있다. 학문적 인식은 공과와 오류
를 따지는 엄격함으로부터 벗어날 수 없지만, 상상력에 의한 문
학적 인식은 그것의 타당성에 대한 검증으로부터 자유롭다. 문
학적 상상력에 의한 인식은 인간이 대상을 인식할 때 향유할 수
있는 자유를 갖는다. 이것은 칸트 Immanuel Kant가 말하는,
예술가의 정서가 갖는 능력인바, 그는 이것을 재능 *Genie* 으로
이해하였다. 예술가의 재능으로서의 상상력은 개념을 구사할 수
없음에도 불구하고 예술가가 인식한 경험 세계를 하나의 예술
적 이념으로 표현해낼 수 있는 능력을 발휘한다 : "사람들은 상
상력이 표상하는 바를 이념들 *Ideen* 로 명명할 수 있다 : 이것은
이념들의 한 부분이다. 왜냐하면, 상상력이 표상하는 이념들은
최소한 경험의 한계를 넘어서는 것을 향하고 있으며, 이렇게 해
서 이성의 개념들(지적인 이념들)이 서술하는 바에 가까이 다가
서는 것을 모색할 수 있으며, 이처럼 모색하는 것은 이념들에게
객관적 현실의 모습을 제공하기 때문이다. 다른 한편으로는, 상
상력이 표상하는 이념들이 이념들의 한 부분이 되는 주된 이유
는 내적인 직관으로서의 전자에게는 어떠한 개념도 전적으로
상응될 수 없다는 데서 찾아질 수 있다."[55] 헤겔도 역시 상상력
을 구사하는 예술가의 생산적 활동을 재능으로 이해하였으며,
이 같은 활동의 결과로 생산된 예술 작품은 객관적 현실과 상응
하는 특징을 지닌다고 보았다.[56] 이것은 그에 의하면 예술미
Kunstschöne 가 의도하는 이상이기도 하다. 헤겔은 물론 철학
이 이성을 통하여 획득할 수 있는 이상이 예술미의 이상보다 우

---

55) Immanuel Kant, *Kritik der Urteilskraft*, Werkausgabe Band X, Hrsg.
   von W. Weischedel, 11. Aufl., Frankfurt/M, 1988, S. 250.
56) G. W. F. Hegel, *Vorlesungen über die Ästhetik. Erster und zweiter
   Teil*, a. a. O., S. 397ff., 357ff., 96ff.

위에 있음을 주장하기는 하였지만, 예술가의 활동에 의한 예술
적 인식이 객관적 현실에 대한 인식이라는 통찰을 보여준 것이
다. 칸트와 헤겔의 미학을 종합하고 알레고리에 대한 벤야민의
통찰을 수용하여 금세기 서구의 예술 이론 분야에서 불후의 업
적을 남긴 아도르노도 상상력을 통하여 주관적으로 행해지는
예술가의 현실 인식이 객관성을 획득할 수 있음을 주장하였다.
이런 가능성의 근거를 그는 자신이 "주관적으로 산출된 것이
그 산출 과정에서 대상으로 삼았던 것, 다시 말해 주체에 의해
일방적으로 설명된 것이 아닌 것에 대해 갖게 되는 비개념적인
유사성"[57]으로 이해한 미메시스 *Mimesis*에서 찾았다. 예술적
대상 인식에 대한 칸트·헤겔·아도르노의 견해는 그들의 철학
체계에 따라 각기 다른 위상을 지니지만, 비개념적으로 이루어
지며 예술가의 재능에 근거한 예술적 인식에서 인식의 자유로
움을 주장한 점과 예술적 인식이 객관적 현실과 밀접한 관계에
있음을 주장한 점에서 일련의 공통점을 갖는다. 예술적 인식은
바로 이런 두 가지 특징에서 외부 세계에 대한 선취적 인식
의——개념 체계와 논리, 자료의 분석에 근거한 객관적이면서도
논리적인 통용성을 확보할 수 없음에도 불구하고——가능성을
획득할 수 있는 것이다.

　독일 표현주의 시가 보여준 기술 문명 비판은 우리에게 기술
문명에 대해 체계적 인식을 제공하지는 않는다. 그러나 대도시
시, 전쟁시, 노동 세계를 표현하는 시가 일관되게 보여준 것은
'어떤 대상을 삶에 유용하도록 이용하고 변화시킴으로써 새로운
가능성을 창출하는 수단'인 기술이 약속할 수 있는 진보에의 믿
음에 대한 제동이었다. 독일 표현주의 시는 기술 문명이 구축한
공간인 대도시가 인간을 지배하는 공간으로 변모하고, 기술 문

---

57) T. W. Adorno, *Ästhetische Theorie*, Hrsg. von G. Adorno und R.
　　Tiedemann, 5. Aufl., Frankfurt/M, 1981, S. 86~87.

명이 악용된 현실인 전쟁이 인간성을 말살하며, 기술 문명이 조직한 현실인 노동 세계가 인간을 철저하게 지배하며 인간은 자신이 조직한 노동 세계로부터 소외되어 있음을 우리에게 인식시켜준다. 이렇게 함으로써 독일 표현주의 시는 기술 문명이 인간에게 초래하는 부정적 결과에 대해 역사적 증언을 남기고 있으며, 동시에 인간으로 하여금 기술 문명에 대해 새롭게 사고하는 동기를 부여함으로써 인간의 의식을 계몽하는 기능도 획득한다. 과거 역사에 대한 비판적 성찰에의 동기 부여는 계몽적 차원을 지니기 때문이다. 기술 문명이 야기하는 환경의 대위기야말로 기술 문명에 대해 새롭게 사고하는 것을 절박하게 요구하고 있다. 이런 현실을 감안할 때, 독일 표현주의 시인들이 상상력과 이를 작품으로 형상화시키는 능력에 힘입어 문학적으로 실행한 기술 문명 비판은 그것의 계몽적 의미와 더불어 현재적 중요성도 충분히 획득할 수 있을 것이다.

참 고 문 헌

Adorno, Theodor W., *Ästhetische Theorie*, Hrsg. von G. Adorno und R. Tiedemann, 5. Aufl., Frankfurt/M, 1981.

Beck, Ulrich, *Risikogesellschaft*, Frankfurt/M, 1988.

Bell, Daniel, *Die nachindustrielle Gesellschaft*, Frankrurt/M, 1976.

Benjamin, Walter, "Literaturgeschichte und Literaturwissenschaft," in: Ders., *Gesammelte Schriften*, Bd III, Hrsg. von H. Tiedemann-Bartels, Frankfurt/M, 1980, S. 283~90.

_____, "Zentralpark," in: Ders., *Gesammelte Schriften*, Band

I. 2, Hrsg. von R. Tiedemann und H. Schweppenhäuser, Frankfurt/M, 1980, S. 657~90.

______, "Das Kunstwerk im Zeitalter seiner technischen Reproduzierbarkeit. Erste Fassung," in: Ders., *Gesammelte Schriften*, Band I. 2, Hrsg. von R. Tiedemann und H. Schweppenhäuser, Frankfurt/M, 1980, S. 433~69.

Benn, Gottfried, "D-Zug," in: K. Pinthus(hrsg.), *Menschheitsdämmerung, Ein Dokument des Expressionismus*, Hamburg, 1983, S. 130~31.

Daniels, Karlheinz, "Expressionismus und Technik," in: W. Rothe(hrsg.), *Expressionismus als Literatur*, Bern, 1969, S. 171~93.

Elias, Nobert, *Über den Prozeß der Zivilisation. Soziogenetische und psychogenetische Untersuchungen, Erster Band, Wandlungen des Verhaltens in den westlichen Oberschichten des Abendlandes*, 1. Aufl., Frankfurt/M, 1976.

Habermas, Jürgen, *Technik und Wissenschaft als 'Ideologie,'* 9. Aufl., Frankfurt/M, 1978.

Hegel, G. W. F., *Vorlesungen über die Ästhetik. Erster und zweiter Teil*, Hrsg. von R. Bubner, Stuttgart, 1980.

Heym, Georg, "Der Krieg," in: K. Pinthus(hrsg.), *Menschheitsdämmerung, Ein Dokument des Expressionismus*, Hamburg, 1983, S. 79~80.

Kahler, Erich von, "Einleitung: Die Bedeutung des Expressionismus," in: W. Rothe(hrsg.), *Expressionismus als Literatur*, Bern, 1969, S. 13~18.

Kant, Immanuel, *Kritik der Urteilskraft,* Werkausgabe X, Hrsg. von Wilhelm Weischedel, 11. Aufl., Frankfurt/M, 1988.

Klein, Johannes, "Georg Trakl," in: W. Rothe(hrsg.), *Expressionismus als Literatur*, Bern, 1969, S. 374~97.

Kron, Wolfgang, "Die Verschiedenheit der Technik und die Einheit der Techniksoziologie," in: P. Weingart (hrsg.), *Technik als sozialer Prozeß,* 1. Aufl., Frankfurt/M, 1989, S. 15~43.

Landes, David S., *Der entfesselte Prometheus. Technologischer Wandel und industrielle Entwicklung in Westeuropa von 1750 bis zur Gegenwart*, Deutsche Übersetzung von Franz Becker, München, 1973.

Lichtenstein, Alfred, "Die Schlacht bei Saarburg," in: K. Pinthus(hrsg.), *Menschheitsdämmerung, Ein Dokument des Expressionismus*, Hamburg, 1983, S. 88.

Lukács, Georg, *Die Theorie des Romans*, Neuwied/Berlin, 1974.

Oelmüller, Willi(hrsg.), *Ästhetischer Schein*, Paderborn u. a., 1982.

Otten, Karl, "Arbeiter!" in: K. Pinthus(hrsg.), *Menschheitsdämmerung, Ein Dokument des Expressionismus*, Hamburg, 1983, S. 227~30.

Pinthus, Kurt, "Zuvor," in: O. F. Best(hrsg.), *Theorie des Expressionismus*, Stuttgart, 1982, S. 80~93.

Rothe, Wolfgang, "Der Mensch vor Gott: Expressionismus und Theologie," in: Ders.(hrsg.), *Expressionismus als Literatur*, Bern, 1969, S. 37~68.

Schischkoff, Georgi(hrsg.), *Philosophisches Wörterbuch,* 21. Aufl., Stuttgart, 1982.

Stadler, Ernst, "Fahrt über die Kölner Rheinbrücke in der Nacht," in: O. F. Best(hrsg.), *Expressionismus und Dadaismus*, Stuttgart, 1984, S. 54.

Trakl, Georg, "Menschheit," in: O. F. Best(hrsg.), *Expressionismus und Dadaismus*, Stuttgart, 1984, S. 49.

Ulrich, Otto, *Technik und Herrschaft. Vom Hand-Werk zur verdinglichten Blockstruktur industrieller Produktion*, 1. Aufl., Frankfurt/M, 1979.

Weber, Max, *Die protestantische Ethik I. Eine Aufsatzsammelung*, Tübingen, 1981.

Zech, Paul, "Stadt in Eisen," in: W. Rothe(hrsg.), *Deutsche Großstadtlyrik vom Naturalismus bis zur Gegenwart*, Stuttgart, 1981, S. 207~08.

독일 표현주의 문학에 대한 연구 문헌

1. 독일 표현주의 문학 작품 선집

Anz, Thomas(hrsg.), *Phantasien über den Wahnsinn. Expressionistische Texte,* München und Wien, 1980.

Anz, Thomas/Stark, Michael(hrsg.), *Expressionismus. Manifeste und Dokumente zur deutschen Literatur 1910~1920,* Stuttgart, 1982.

Benn, Gottfried(hrsg.), *Lyrik des expressionistischen Jahrzehntes. Von den Wegbreitern bis zum Dada,* München, 1962.

Bode, Dietrich(hrsg.), *Gedichte des Expressionismus,* Stuttgart, 1967(Reclam).

Denkler, Horst(hrsg.), *Einakter und kleine Dramen des Expressionismus,* Stuttgart, 1968(Reclam).

Hermand, Jost(hrsg.), *Literarisches Leben im Kaiserreich 1871~1918,* Stuttgart, 1982.

______(hrsg.), *Literarisches Leben in der Weimarrepublik,* Stuttgart, 1982.

Killy, Walther(hrsg.), *Zeichen der Zeit. Ein deutsches Lesebuch,* Bd. 4, Von 1880 bis zum 2. Weltkrieg, Darmstadt und Neuwied, 1981.

Martini, Fritz(hrsg.), *Prosa des Expressionismus,* Stuttgart, 1971(Reclam).

Otten, Karl(hrsg.), *Schrei und Bekenntnis. Expressionistisches Theater*, Darmstadt, 1962.

Phillip, Eckhard(hrsg.), *Prosa des Expressionismus*, Stuttgart, 1982.

Pinthus, Kurt(hrsg.), *Menschheitsdämmerung. Symphonie jüngster Dichtung*, Hamburg, 1983(Rowohlt).

Raabe, Paul(hrsg.), *Expressionismus. Ein Kampf um eine literarische Bewegung*, München, 1965(dtv).

Rothe, Wolfgang(hrsg.), *Der Aktivismus 1915~1920*, München, 1969(dtv).

Vietta, Silvio(hrsg.), *Die Lyrik des Expressionismus*, 3. unveränderte Aufl., Tübingen, 1990.

2. 독일 표현주의 문학을 전반적으로 다룬 연구 문헌들

Anz, Thomas, *Literatur der Existenz. Literarische Psychopathologie und ihre soziale Bedeutung im Frühexpressionismus*, Stuttgart, 1977.

Arnold, Archim, *Prosa des Expressionismus. Herkunft, Analyse, Inventar*, Stuttgart u.a., 1972.

Denkler, Horst(hrsg.), Gedichte der "Menschheitsdämmerung," *Interpretationen expressionistischer Lyrik*, München, 1971.

______, *Drama des Expressionismus. Programm, Spieltext, Theater*, München, 1967.

Dörrlamm, Brigitte, u.a., *Klassiker heute. Die Zeit des Expressionismus*, Frankfurt/M, 1982.

Eykman, Christoph, *Denk- und Stilformen des Expressionismus*, München, 1974.

______, *Die Funktion des Häßlichen in der Lyrik Georg Heyms, Georg Trakls und Gottfried Benns. Zur Krise der Wirklichkeitserfahrung im Expressionismus*, 2. erw. Aufl., Bonn, 1969.

Göbel, Klaus-Jürgen, *Drama und dramatischer Raum im Expressionismus. Eine Entwicklungslinie des modernen Dramas von Richard Wagner bis Reinhard J. Sorge*, Köln, 1971.

Hildebrand, Bruno, *Nietzsche und die deutsche Literatur*, Bd. I: Texte zur Nietzsche-Rezeption 1873~1963. Bd. II : Forschungsergebnisse, Tübingen, 1978.

Huber Ottmar, *Mythos und Groteske. Die Problematik des Mythischen und ihre Darstellung in der Dichtung des Expressionismus*, Meisenheim am Glan, 1979.

Kaufmann, Hans, *Krisen und Wandlungen der deutschen Literatur von Wedekind und Feuchtwagner*, Fünfzehn Vorlesungen, 3. Aufl., Berlin und Weimar, 1976.

Kemper, Hans Georg, *Vom Expressionismus zum Dadaismus. Eine Einführung in die dadaistische Literatur*, Kronberg, 1974.

Knapp, Gerhard P., *Die Literatur des deutschen Expressionismus. Einführung-Bestandsaufnahme-Kritik*, München, 1979.

Kolinsky, Eva, *Engagierter Expressionismus. Politik und Literatur zwischen Weltkrieg und Weimarer Republik*, Stuttgart, 1970.

Krull, Wilhelm, *Prosa des Expressionismus*, Stuttgart, 1984.

______, *Politische Prosa des Expressionismus. Rekonstruktion und Kritik*, Frankfurt/M und Bern, 1982.

Martens, Gunter, *Vitalismus und Expressionismus. Ein Bei-*

trag zur Genese und Deutung expressionistischer Stilstrukturen und Motive, Stuttgart u. a., 1971.

Martini, Fritz, *Was war Expressionismus?* Urach, 1948.

Mautz, Kurt, *Mythologie und Gesellschaft im Expressionismus. Die Dichtung Georg Heyms*, Frankfurt/M, 1987.

Meixner, Horst/Vietta, Silvio(hrsg.), *Expressionismus. Sozialer Wandel und künstlerische Erfahrung, Mannheimer Kolloquim*, München, 1981.

Oehm, Heidemarie, *Subjektivität und Gattungsform im Expressionismus*, München, 1993.

Riedel, Walther E., *Der neue Mensch. Mythos und Wirklichkeit*, Bonn, 1970.

Rothe, Wolfgang(hrsg.), *Expressionismus als Literatur. Studienausgabe*, Bern/München, 1969.

______, *Der Expressionismus. Theologische, soziologische und anthropologische Aspekte einer Literatur*, Frankfurt/M, 1977.

______, *Tänzer und Täter. Gestalten des Expressionismus*, Frankfurt/M, 1979.

Schneider, Karl Ludwig, *Der bildhafte Ausdruck in den Dichtungen Georg Heyms, Georg Trakls und Ernst Stadlers*, Heidelberg, 1954.

______, *Zerbrochene Formen. Wort und Bild im Expressionismus*, Hamburg, 1967.

Schütz, Erhard/Vogt, Jochen u. a., *Einführung in die deutsche Literatur des 20. Jahrhunderts*, Bd. I, Opladen, 1977.

Sokel, Walther H., *Der literarische Expressionismus. Der Expressionismus in der deutschen Literatur des zwanzigsten Jahrhunderts*, München, 1970.

Steffen, Hans(hrsg.), *Der deutsche Expressionismus. Formen und Gestalten*, 2. Aufl., Göttingen, 1970.

Trommler, Frank(hrsg.), *Jahrhundertwende: Vom Naturalismus zum Expressionismus 1880~1918*, Hamburg, 1982.

Vietta, Silvio/Kemper, Hans Georg, *Expressionismus*, München, 1975.

Vietta, Silvio, "Großstadtwahrnehmung und ihre literarische Darstellung. Expressionistischer Reihungsstil und Collage," in: *DVjs* 48, 1974, S. 354~74.

Viviani, Annalisa, *Das Drama des Expressionismus. Kommentar zu einer Epoche*, München, 1970.

Ziegler, Jürgen, *Form und Subjektivität. Zur Gedichtsstruktur im frühen Expressionismus*, Bonn, 1972.

Žmegač, Viktor(hrsg.), *Deutsche Literatur der Jahrhundertwende*, Königstein/Ts, 1981.

3. 독일 표현주의 문학에 대한 이론적 저작들(일반 이론서 및 표현주의 논쟁)

Adorno, Theodor W., "Erpreßte Versöhnung," in: Ders., *Noten zur Literatur*, Frankfurt/M, 1981, S. 251~80.

Best, Otto F.(hrsg.), *Theorie des Expressionismus. Aufsatzsammlung*, Stuttgart, 1982.

Dürr, Josef, *Die Expressionismusdebatte. Untersuchungen zum Werk Georg Lukács, Dissertation*, München, 1982.

Fellmann, Ferdinand, *Phänomenologie und Expressionismus*, Freiburg/München, 1982.

Rötzer, Hans Gert(hrsg.), *Begriffsbestimmung des literari-*

schen *Expressionismus, Aufsatzsammlung*, Darmstadt, 1976.

Schmitt, Hans-Jürgen(hrsg.), *Die Expressionismusdebatte. Materialien zu einer marxistischen Realismuskonzeption. Aufsatzsammlung*, 1. Aufl., Frankfurt/M, 1973.

Stark, Michael, *Für und wider den Expressionismus. Eine Entstehung der intellektuellen Debatte in der deutschen Literaturgeschichte*, Stuttgart, 1982.

4. 독일 표현주의 문학에 대한 연구 성과를 보고하는 저작들

Brinkmann, Richard, *Expressionismus. Internationale Forschung zu einem internationalen Phänomen. Sonderband der "Deutschen Vierteljahresschrift für Literaturwissenschaft und Geistesgeschichte,"* Stuttgart, 1980.

______, *Expressionismus. Forschungsprobleme 1952~1960*, Stuttgart, 1961.

Hannrich-Bode, Ingrid, "Vom "Welteinheitsproto" bis zur "kriminalischen Bedeutung des Selbstmordes." Autoren des Expressionismus und ihre Dissertationen," In: *DVjs* 47, 1973, S. 443~55.

Paulsen, Wolfgang, "Die deutsche expressionistische Dichtung des 20. Jahrhunderts und ihre Forschung," in: *Universitas* 17, 1962, S. 411~22.

Raabe, Paul(hrsg.), *Index Expressionismus. Bibliographie der Beiträge in den Zeitschriften und Jahrbüchern des literarischen Expressionismus 1910~1925*, 18 Bd., Nendeln, 1972.

5. 독일 표현주의 문학의 연구에 관련되는 기타 문헌들

Dobb, M., *Entwicklung des Kapitalismus*, Köln, 1970.

Hennig, F. W., *Die Industrialisierung in Deutschland 1800~ 1914*, Paderborn, 1973.

______, *Das industrialisierte Deutschland 1914 bis 1972*, Paderborn, 1974.

Landes, David S., *Der entfesselte Prometheus. Technologischer Wandel und industrielle Entwicklung in Westeuropa von 1750 bis zur Gegenwart, Deutsche Übersetzung*, München, 1983.

Plessner, Helmuth, *Die verspätete Nation*, Stuttgart, 1959.

Simmel, Georg, "Die Großstädte und Geistesleben," in: ders., "Brücke und Tür," *Essays des Philosophischen. Zur Geschichte, Religion, Kunst und Gesellschaft*, hrsg. von M. Landmann, Stuttgart, 1957, S. 227~42.

______, *Philosophie des Geldes*, Frankfurt/M, 1989.

Weber, Max, "Die protestantische Ethik und der Geist des Kapitalismus," in: *Gesammelte Aufsätze zur Religionssoziologie*, Bd. I, Tübingen, 1972.

6. 독일 표현주의 작가들, 개별 작가들에 대한 연구 문헌

에른스트 바아라흐 Ernst Barlach
작품집
—*Das dichterische Werk*, 3. Bd.: Bd. 1. Die Dramen, hrsg. von Klaus Lazarovicz, 1956; Bd. 2. Prosa I, 1958; Bd. 3. Prosa II, hrsg. von Friedrich Droß, 1959.

―*Die Briefe 1888~1938 in zwei Bänden*, hrsg. von
Friedrich Droß, München, 1968, 1969.

연구 문헌

Falkenstein, Hennig, *Ernst Barlach*, Berlin, 1978.

Herbert, Kaiser, *Der Dramatiker Ernst Barlach. Analysen und Gesamtdeutung*, München, 1972.

Herbert, Maier, *Der verborgene Gott. Studien zu den Dramas Ernst Barlachs*, Nürnberg, 1963.

고트프리트 벤 Gottfried Benn

작품집

―*Gesammelte Werke*, 4. Bd., hrsg. von D. Wellershof, Wiesbaden, 1958 ff.

연구 문헌

Hildebrand, Bruno(hrsg.), *Gottfried Benn*, Darmstadt, 1979.

Kaußen, Wolfgang, *Spaltungen. Zu Benns Denken im Widerspruch*, Bonn, 1981.

Lyon, James K. und Craig, Inglis, *Konkordanz zur Lyrik Gottfried Benns*, Hildesheim, 1971.

Ray, Susan, *Gottfried Benn. Geschichtspessimismus und Moralvorstellung*, Bern und Frankfurt/M, 1982.

Rumold, Rainer, *Gottfried Benn und der Expressionismus*, Königstein/Ts, 1982.

Wodtke, Friedrich Wilhelm, *Gottfried Benn*, 2. Aufl., Stuttgart, 1970.

이반 골 Yvan Goll

작품집

—*Dichtungen, Lyrik, Prosa, Dramen*, hrsg. von Claire Goll, Berlin/Neuwied, 1960.

연구 문헌

Müller, Jochaim, *Yvan Goll im deutschen Expressionismus*, Berlin, 1962.

Parmée, Margaret A., *Iwan Goll. The development of his poetic themes and their imagery*, Bonn, 1981.

게오르크 하임 Georg Heym

작품집

—*Dichtungen und Schriften. Gesamtausgabe*, hrsg. von Karl Ludwig Schneider, 4. Bd., Hamburg/München, 1960ff.

연구 문헌

Korte, Hermann, *Georg Heym*, Stuttgart, 1982.

Martini, Fritz, "Georg Heym: Der Krieg," in: *Die deutsche Lyrik. Form und Geschichte. Interpretationen*, hrsg. von Benno v. Wiese, Bd. 2., Düsseldorf, 1962, S. 425~49.

야콥 반 호디스 Jakob van Hoddis

작품집

—*Weltende. Gesamtausgabe*, hrsg. von Paul Pörtner, Zürich, 1958.

연구 문헌

Reiter, Udo, *Jakob van Hoddis. Ein Beitrag zur Forschung des Expressionismus*, Bern, 1967.

Riha, Karl, "Dem Bürger fliegt vom spitzen Kopf der Hut,"
    In: Harald Hartung(hrsg.), *Gedichte und Interpreta-
    tion. Vom Naturalismus bis zur Jahrhundertsmitte*,
    Stuttgart, 1983.
Schneider, Hansjörg, *Jakob van Hoddis. Leben und lyrisches
    Werk*, Göppingen, 1970.

게오르크 카이저 Georg Kaiser
작품집
—*Werke*, hrsg. von Walther Huder, 6. Bd., Frankfurt/M und
    Berlin, 1970ff.

연구 문헌
Arnold, Armin(hrsg.), *Zu Georg Kaiser*, Stuttgart, 1980.
Denkler, Horst, *Georg Kaiser. Die Bürger von Calais. Drama
    und Dramaturgie. Interpretation*, München, 1967.
Pausch, Holger A./Reinhold Ernest, *Georg Kaiser. Eine
    Aufsatzsammlung nach einem Symposium in Edmon-
    ton/Kanada*, Berlin und Darmstadt, 1980.
Petersen, Klaus, *Georg Kaiser: Künstlerbild und Künst-
    lerfigur*, Bern und Frankfurt/M, 1976.

칼 슈테른하임 Carl Sternheim
작품집
—*Gesamtwerk*, hrsg. von Wilhelm Emrich, Neuwied/Berlin,
    1963ff.

연구 문헌
Durzak, Manfred(hrsg.), *Zu Carl Sternheim*, Stuttgart, 1982.
Krull, Wilhelm, *Politische Prosa des Expressionismus. Re-*

konstruktion und Kritik, Frankfurt/M und Bern, 1982, S. 117~210.

Williams, Rhys W., *Carl Sternheim. A critical study*, Bern und Frankfurt/M, 1982.

에른스트 톨러 Ernst Toller
작품집
— *Prosa, Briefe, Dramen, Gedichte. Mit einem Vorwort von Kurt Hiller*, Reinbeck, 1961.

연구 문헌

Dorothea, Klein, *Der Wandel der dramatischen Darstellungsform im Werke Ernst Tollers(1919~1930)*, Diss., Bochum, 1968.

Petersen, Carol, "Ernst Toller," in: *Expressionismus als Literatur*, hrsg. von W. Rothe, S. 272~84.

게오르크 트라클 Georg Trakl
작품집
— *Dichtungen und Briefe. Historisch-kritische Ausgabe*, hrsg. von Walther Killy und Hans Szklenar, Salzburg, 1969.

연구 문헌

Kemper, Hans Georg, *Georg Trakls Entwürfe. Aspekte zu ihrem Verständnis*, Tübingen, 1970.

Killy, Walther, *Über Georg Trakl*, 3. erw. Aufl., Göttingen, 1967.

Klein, Wolfgang/Zimmermann, Harald, *Index zu Georg Trakls Dichtungen*, Frankfurt/M, 1971.

Ritzer, Walther, *Neue Trakl-Bibliographie*, Salzburg, 1983.

Saas, Christa, *Georg Trakl*, Stuttgart, 1974.
Sharp, Francis Michael, *The poet's madness. A reading of Georg Trakl*, New York, 1981.

7. 영어 및 불어권에서의 독일 표현주의 문학 연구

Chaple, Gerald/Schulte, Hans H.(hrsg.), *The turn of the century. German literature and art, 1890~1915. The McMaster Colloquim on german literature*, Bonn, 1981.
Ingeborg, Schiller, *L'influence de Rimbaud et de Baudelaire dans la poésie préexpressioniste allemande, Georg Heym, Georg Trakl et Ernst Stadler*, Paris, 1968.
Palmier, Jean-Michel, *L'Expressionisme comme révolte. Contribution à l'étude de la vie artistique sous la République de Weimar*, Bd. 1: Apocalypse et Révolution, Paris, 1978.
Perkins, Georffrey C., *Contemporary theory of expressionism*, Bern und Frankfurt/M, 1974.
Taylor, Ronald, *Literature and society in Germany 1918~1945*, Brighton, 1980.
Willet, John, *The new Sobriety: Art and Politics in Weimarperiod 1917~1933*, London, 1978.

논문: 산업 문명의 위기와 시적 상상력
—— 야콥 반 호디스의 시 「세계의 종말」의 경우

1. 서구 시민사회와 산업 문명: 위기의 출발
2. 산업 사회로의 급격한 전이: 「세계의 종말」을 해석하는 데 필요한 역사적 배경
3. 초기 표현주의 시의 전형으로서의 「세계의 종말」
4. 시민사회와 산업 문명의 위기: 「세계의 종말」의 시세계
   1) 형식 분석
   2) 메타포의 특징
   3) 개별 시어들이 성취하는 전체적 효과
   4) 세계 종말의 분위기
   5) 지각 구조의 변화
   6) 시민사회의 붕괴
5. 위기의 변증법, 또는 시적 상상력의 역사성

논문: 산업 문명과 현대적 현실
—— 게오르크 하임의 대도시 시에 나타난 문명 비판

1. 산업 문명과 문학
2. 서정시적 세계와 현실: 문학사회학적 해석에의 전제 조건들
   1) 방법론적 인식 관심
   2) 해석의 방법적 절차, 해석의 대상
   3) 두 용어에 대해: 미메시스, 현대적
3. 독일에서 대도시 공간의 형성과 독일 표현주의 문학
   1) 역사적 배경
   2) 대도시에서의 변화된 사회 구조 및 생활 구조
   3) 대도시에서 시적 지각 주체의 변화
   4) 독일 표현주의 문학의 중심 모티프로서의 대도시와 현실의 미메시스로서의 독일 표현주의 문학

논문: 시적 주체성의 객체성
—보들레르와 독일 표현주의 시에 있어서 대도시 공간에 대한 시적 형상화의 경우

논문: 독일 표현주의 시와 기술 문명 비판
——문학적 현실 인식과 그 역사적 의미

   2) 전쟁에 대한 비판
   3) 노동 세계 및 기술에 대한 비판
6. 문학적 기술 문명 비판의 선취성·역사성·계몽성